DESDE senderismo, avistamiento de aves, cicloturismo, rutas a caballo o en coche por tranquilas carreteras, la comarca de Añana tiene algo especial que ofrecer a cada visitante. Ubicada al suroeste de la provincia de Álava/Araba, se encuentra muy cerca de ciudades importantes como Vitoria-Gasteiz (a unos 30 km), Bilbao (a unos 80 km), y también de Miranda de Ebro en Burgos, lo que la convierte en un enclave estratégico y accesible desde varias localidades.

AÑANA A PIE: caminatas y aventura

Nos encontramos en un paraíso para los senderistas, con destinos imprescindibles como el Parque Natural de Valderejo, con una variada red de sendas por paisajes espectaculares. Entre sus rutas más populares se encuentra la *Senda del Desfiladero del Río Purón*, que combina vistas

FOTOS: TURISMO AÑANA

Arriba, la fortaleza de la Torre de los Varona; y debajo, el Camping de Angosto, centro de BTT. Derecha, el castillo medieval de Ocio. En las pág anteriores, paseando por la zona de Valdegovía, donde encontramos cuevas eremíticas.

impresionantes y la tranquilidad de un entorno protegido, siguiendo el curso del río mientras se descubren rincones idílicos y pueblos abandonados.

Para los aficionados a la historia, la *Ruta de los Castillos* ofrece la oportunidad de explorar fortalezas medievales como el Castillo de Portilla y el de Ocio, ambos enclavados en espectaculares paisajes. El primero, cerca del municipio de Portilla, es un castillo de los siglos XI-XII, situado en lo alto de una colina rocosa pues fue una fortaleza defensiva estratégica, que sigue ofreciendo buenas vistas panorámicas del valle. Por su parte el de Ocio, en Zambrana, fue uno de los bastiones

Sumario

GRANDES ESPACIOS / OUTDOOR

303 / 7,90 €

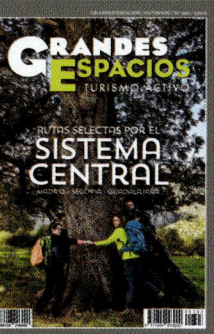

www.desnivel.com/grandesespacios

DITA: Ediciones Desnivel S.L.
San Victorino n° 8 • 28025 Madrid.
: 913 602 242 • Fax: 913 602 264
andesespacios@desnivel.com
w.desnivel.com

rector: DARÍO RODRÍGUEZ.
dactora: EVA MARTOS.
rector de arte: GREGORIO ARRANZ
blicidad: MARÍA ÁNGELES TRUJILLO.
stribución: MARÍA JOSÉ SANTAMARÍA

prime: Nueva Imprenta. Papel ecológico
talmente libre de cloro). Distribuye: SGEL.
epósito legal: M-39544-1995
SN: 1699-093000.
BN: 978-84-9829-699-0

uscripciones
léfono: 91 360 26 20
orario de 9 a 16:00 h).
scripciones@desnivel.com
w.desnivel.com/suscripcion

SIERRA DE GUADARRAMA
**PEÑA CÍTORES,
A LA SOMBRA DEL
PEÑALARA**

Para esta excursión nos dirigimos al corazón de la Sierra de Guadarrama pero
dejamos a un lado el muy transitado y conocido camino que asciende su cumbre
más alta, el Peñalara, para fijarnos en otra cima vecina: la Peña Cítores que,
con sus 2181 m de altitud, nos ofrece unas inmejorables vistas de la sierra a un
lado y los Montes de Valsaín al otro.

Ocho rutas selectas por el Sistema Central

Una selección variada, con alguna ruta popular pero la mayoría poco
transitadas: desde las tranquilas Sierra Oeste de Madrid o Sierra del Cardoso en Guadalajara, hasta la colorida Sierra de Ayllón o la emblemática
Sierra de Guadarrama con sus imprescindibles paisajes montañosos.

Déjate sorprender por AÑANA

Naturaleza, historia y aventura en Euskadi

La comarca de Añana, en Álava, combina verdes paisajes de montañas, valles y ríos con un rico patrimonio cultural que incluye castillos medievales, salinas o antiguas cuevas de eremitas. Acompáñanos a descubrirlo a pie, en bici o por carretera.

medievales más importantes de la región, del que hoy se conservan restos de murallas y torres.

Otra atractiva opción para los caminantes es recorrer las casas eremíticas de Valdegovía: unos antiguos espacios de culto y refugio espiritual vinculados al cristianismo primitivo, que suelen ser construcciones excavadas en roca y aisladas del entorno. Algunas de las más conocidas incluyen los restos de Pinedo, Corro y Tobillas, situadas en paisajes que aún conservan un aire de misticismo y conexión con la naturaleza y forman parte de su patrimonio histórico y cultural.

También podemos encontrar rutas de gran recorrido, como el GR 99 y el GR1, este último con 10 etapas que nos llevan a descubrir en profundidad el territorio, tanto sus lugares más frecuentados como los más solitarios.

Para quienes busquen más adrenalina, Añana dispone de **dos vías ferratas en Sobrón,** junto al Museo del Agua, ideales para quien busque emociones fuertes. La primera, la Cresta de Sobrón, presenta tres niveles de dificultad (K2, K3 y K4) y permite elegir la intensidad del reto. Para los más experimentados, la ferrata Harri Gorri, de nivel K5, representa un desafío mayor. En ambas ferratas es necesario la reserva previa (*www.viaferrata-sobron.com*). También se puede alquilar material a pie de vía en *Aventura Sobrón*, donde Jorge e Íñigo pueden hacer las labores de guiado en la ferrata o en múltiples actividades como kayak, paintball, etc

Añana cuenta también con **centros de orientación** como parte de sus actividades al aire libre, ideales para combinar deporte y juegos de estrategia.

AÑANA EN BICICLETA: de senderos tranquilos hasta adrenalina pura

El ciclismo en Añana tiene como epicentro el **Centro BTT de Valderejo-Añana,** un referente para los amantes de la bicicleta de montaña de la comarca. Este

centro ofrece ocho rutas que varían en dificultad, desde itinerarios familiares hasta recorridos técnicos para expertos, que parten desde el Camping de Angosto o desde Aventura Sobrón. Cada ruta explora paisajes únicos, pasando por colinas onduladas y bosques frondosos.

Para los aficionados al descenso, la *Flow Line Gaubea*, situada junto al camping, es una pista de descenso única en Euskadi. Con más de 700 metros de adrenalina, cuenta con curvas peraltadas, saltos y desniveles, perfecta para adictos a las emociones fuertes.

Además, las carreteras de Añana, tranquilas y rodeadas de paisajes de singular belleza, son un excelente escenario para los ciclistas de carretera. Estas vías, poco transitadas y rodeadas de montañas y bosques, permiten disfrutar del pedaleo mientras se contemplan panoramas impresionantes.

ECOTURISMO: conecta con la naturaleza

En el ámbito del ecoturismo, Añana ofrece experiencias que permiten integrarse en la naturaleza de una forma respetuosa con el entorno. Un ejemplo son las rutas a caballo organizadas por **Gaubea Ecuestre**, que nos llevan a recorrer los paisajes de la comarca de una forma original y emocionante, aptas tanto para principiantes como para jinetes experimentados.

Para los aficionados al avistamiento de aves, los observato-

Ruta en coche de los imprescindibles de AÑANA, con todos los sentidos

DISTANCIA: 53,2 km. **DURACIÓN:** dos días.
MAPA: https://desni.in/am3rv

Esta ruta propone un recorrido por Añana utilizando todos nuestros sentidos: la "vista", a través del colorido jardín botánico de Santa Catalina; el "tacto" de la sal al mojarse los dedos en la visita al Valle Salado de Añana; el buen "sabor" de boca que se queda al visitar la majestuosa Torre de los Varona, y el "oído", al escuchar a la madre naturaleza en su máximo apogeo dentro del Parque Natural de Valderejo, donde podremos pasear junto al río Purón a su paso por el estrecho desfiladero del mismo nombre. Se aconseja realizarla en un fin de semana para poder disfrutarla plenamente.

FOTOS: TURISMO AÑANA

rios o *hides* de **Elai Etxea** son un recurso inigualable. Aquí, en un ambiente tranquilo, se pueden observar especies emblemáticas como el águila real o el buitre leonado, entre otras, brindando una oportunidad única para conectar con la fauna local (más información sobre esta propuesta en *www.elaietxea.com*).

Señalar que el Parque Natural se acaba de certificar con el sistema de reconocimiento Red Natura 2000, lo que le ha permitido entrar en el Club de ecoturismo de España.

RUTAS EN COCHE: descubre Añana cómodamente

Aquellos que prefieren un turismo más relajado pueden optar por explorar el territorio en coche. Las **rutas touring** permiten descubrir los principales puntos de interés, como el Valle Salado de Añana, uno de los complejos de salinas más antiguos del mundo, donde se puede conocer la histórica producción de sal. También se pueden visitar las antiguas casas torre que cuentan la historia medieval de la comarca, como la Casa Torre de los Varona; así como conocer otros atractivos de la región, como el Jardín Botánico de Santa Catalina.

Encontrarás multitud de propuestas de recorridos para visitar sus castillos, para hacer en familia, para descubrir sus joyas verdes, de distintos niveles y duración, en la página de *Wikiloc*, usuario "Añana Turismo".

ALOJAMIENTOS para todos los gustos

Desconecta y descansa en cualquiera de los acogedores hoteles, casas rurales, agroturismos, campings y apartamentos turísticos de la zona. Entre los más de 36 alojamientos disponibles los hay para todos los gustos, necesidades y bolsillos. Y, si te cuesta elegir, no dudes en volver y repetir.

Más allá de ser un destino de viaje, Añana ofrece una experiencia que combina lo mejor de la naturaleza, el deporte, la cultura y la tranquilidad. Ya sea a pie, en bicicleta o en coche, cada rincón de esta comarca cuenta una historia y ofrece una oportunidad para disfrutar de la vida en armonía con el entorno. Un lugar mágico en el que desconectar y reconectar al mismo tiempo.

Más información, con mapas y folletos descargables, en: **www.ananaturismo.com**

EXPERIENCIAS INOLVIDABLES EN EL
PIRINEO LERIDANO

L AS comarcas de Lleida se transforman en invierno en un destino soñado para los amantes de la naturaleza, el deporte y la cultura. Con montañas majestuosas y valles idílicos, este rincón del Pirineo catalán combina a la perfección su impresionante patrimonio natural con una oferta rica en tradiciones, gastronomía y actividades para todos los gustos. Es un lugar donde los paisajes nevados y las experiencias únicas invitan a desconectar del bullicio diario y a conectar con lo esencial.

Once estaciones de esquí

Las once estaciones de esquí del Pirineo leridano son un atractivo central, destacando por su compromiso con la sostenibilidad y la calidad de sus instalaciones. Baqueira-Beret, ubicada entre la Val d'Aran y el Pallars Sobirà, es un referente internacional del esquí alpino y otras modalidades de deportes de invierno. Además de ofrecer pistas de primer nivel, esta estación organiza eventos como el Freeride World Tour y la Copa de Europa FIS de Eslalon, atrayendo a esquiadores de todo el mundo. También complementa su oferta con experiencias gastronómicas excepcionales, con restaurantes en las pistas donde se puede disfrutar de la cocina local en un entorno único.

Por su parte, Boí Taüll, situada en la Alta Ribagorça, destaca por su altitud y sus impresionantes vistas. Su cima, el Puig Falcó, alcanza los 2751 metros, convirtiéndose en la cota esquiable más alta del Pirineo. Este destino es perfecto para los amantes del esquí de travesía y el freeride, con itinerarios señalizados que permiten disfrutar del contacto directo con la naturaleza.

Durante todo el año, incluso en los días más fríos del invierno, las comarcas de Lleida ofrecen un terreno de juego idóneo para disfrutar de vivencias únicas: desde esquiar en sus privilegiadas estaciones de esquí alpino o nórdico, caminar con raquetas sobre la nieve, descubrir su patrimonio cultural o, por supuesto, degustar los ricos productos de la tierra.

ORIOL CLAVERA

FELIPE VALLADARES BEJAR

Disfrutando de la nieve en el entorno del Pic de l'Orri, inscrito en el Parque Natural de l'Alt Pirineu. A la derecha, frente al Estany Sant Maurici; y haciendo mushing (carrera de trineos con perros) en Beret.

Espot y Port Ainé, en el Pallars Sobirà, son ideales para familias y grupos de amigos gracias a sus instalaciones adaptadas y su ambiente acogedor. Espot, además, se encuentra a las puertas del Parque Nacional de Aigüestortes i Estany de Sant Maurici, facilitando el acceso a rutas de senderismo y actividades con raquetas de nieve. Port Ainé, con sus pistas orientadas mayoritariamente al norte, garantiza una nieve de calidad durante toda la temporada.

En el Pallars Sobirà también se encuentra la estación de de Tavascan, una joya escondida que combina esquí alpino y nórdico con circuitos para alpinismo invernal. Su refugio de la Pleta del Prat es el punto de partida para numerosas excursiones .

La mancomunidad de estaciones de esquí nórdico Tot Nòrdic, que engloba la estaciones de Sant Joan de l'Erm, Lles de Cerdanya, Aransa, Virós-Vallferrera, Tuixent - La Vansa, Tavascan y Guils Fontanera, ofrecen una experiencia diferente. Sus circuitos atraviesan bosques de pinos negros y abetos, como en el caso de Sant Joan de l'Erm, que está rodeado de un entorno de ensueño, dentro del Parque Natural de l'Alt Pirineu. En el espacio de Tuixent - La Vansa, con vistas al Pedraforca, podremos combinar rutas de todos los niveles con servicios de alta calidad en sus alrededores.

Único Parque Nacional de Cataluña

El Parque Nacional de Aigüestortes i Estany de Sant Maurici es uno de los grandes tesoros del Pirineo leridano. En invierno, sus paisajes se tiñen de blanco, creando una postal inolvidable. Sus cientos de lagos glaciares y picos nevados son el escenario

JORDI RULLÓ

MARC CASTELLÓ

MARC CODOLÀ

MARC CODOLÀ

ideal para actividades guiadas, como excursiones con raquetas de nieve o rutas fotográficas. En su extremo occidental está la Val d'Aran, recientemente declarada Reserva de la Biosfera por la UNESCO, que conserva una idiosincracia particular en sus costumbres y cultura. Sus pueblos con casas de piedra y tejados de pizarra invitan a perderse en sus calles, mientras que su rica biodiversidad convierte a este valle en un paraíso para los amantes de la naturaleza.

Bajo las estrellas

La Sierra del Montsec, al sur de la demarcación, es otro punto destacado. Reconocida por la claridad de sus cielos, es uno de los mejores lugares de Europa para observar estrellas. El Parque Astronómico del Montsec, en Àger, combina ciencia y turismo en una experiencia que fascina a visitantes de todas las edades.

Por otro lado, en las Tierras de Lleida, el Estany de Ivars i Vila-sana es un destino de referencia para la observación de aves. Este humedal restaurado ofrece un entorno tranquilo, ideal para pasear, hacer picnics o simplemente observar y fotografiar la naturaleza.

El disfrute del paladar

La gastronomía es uno de los grandes atractivos de Lleida. Platos como la olla aranesa, el civet de jabalí o el *trinxat* son una muestra de la riqueza culinaria del territorio. Productos estrella, como el aceite de oliva con D.O.P. Les Garrigues o los vinos de la D.O. Costers del Segre se pueden descubrir a través de rutas de oleoturismo y enoturismo. Visitar una bodega o una almazara es además una oportunidad para conectar con las tradiciones locales y degustar los sabores más auténticos de la región. En Les Garrigues, por ejemplo, el aceite de oliva se produce siguiendo métodos tradicionales que realzan su calidad y sabor únicos.

Arte y cultura en los pueblos

La riqueza cultural de las comarcas de Lleida también se refleja en su patrimonio histórico y artístico. El conjunto de iglesias románicas de la Vall de Boí, declarado Patrimonio de

En una de las numerosas rutas de BTT de Les Garrigues. A la izquierda, haciendo esquí de montaña; en el Museo y Centro de la Cultura del Aceite de Cataluña (CCOC), en la Granadella; debajo, en el Ecomuseo de Esterri d'Aneu y junto a una de las iglesias románicas del Vall de Boí.

la Humanidad por la UNESCO, es un ejemplo excepcional del arte medieval, con joyas como Sant Climent de Taüll. La Seu Vella de Lleida, un imponente conjunto arquitectónico que combina estilos gótico y románico, domina el paisaje urbano de la capital y es otro punto de visita obligada.

En el Pallars Sobirà, el Ecomuseo de los Valles de Àneu ofrece una visión de la vida rural tradicional, mientras que el Musèu dera Nhèu, en la Val d'Aran, explora la relación histórica entre las comunidades locales y la nieve. Los castillos de la Segarra, como Florejacs o Les Pallargues, nos transportan a épocas pasadas, con sus historias de caballeros y nobles. También podemos recorrer pueblos medievales como Guimerà, en el Urgell, que ofrece un viaje en el tiempo por sus calles empedradas.

Para todos los gustos

Durante todas las estaciones del año, Lleida ofrece opciones de alojamiento para todos los gustos. Desde hoteles con encanto y casas rurales acogedoras hasta campings preparados para el frío, como los de las comarcas pirenaicas, donde se puede disfrutar de bungalós con calefacción y actividades para toda la familia. Para quienes buscan relajación, los centros termales de la Val d'Aran son una excelente elección, combinando bienestar y contacto con la naturaleza.

La diversidad de actividades, paisajes y experiencias que ofrecen el Pirineo y las Tierras de Lleida lo convierten en un destino único. Ya sea para disfrutar de deportes de invierno, explorar su patrimonio cultural o simplemente relajarse en un entorno natural incomparable, esta región invita a vivir el invierno con intensidad. Cada rincón cuenta una historia y cada experiencia deja una huella imborrable, haciendo de las comarcas de Lleida un lugar donde la magia de las estaciones se vive en toda su plenitud.

Más información:

Diputació de Lleida
Patronat de Turisme

www.aralleida.com

Atravesando un bonito prado –con vistas a las cumbres de Cabeza del Viejo y Carro de San Cristóbal– en la excursión por los desfiladeros del Jarama y el Jaramilla, en la Sierra del Cardoso, provincia de Guadalajara.

MADRID, SEGOVIA Y GUADALAJARA

8 EXCURSIONES SELECTAS POR EL SISTEMA CENTRAL

Traemos en este número ocho propuestas variadas para descubrir
los rincones del Sistema Central desde múltiples perspectivas: desde de la
montañosa Sierra de Guadarrama a la más frondosa Sierra de Ayllón,
los Montes de Valsaín o las menos transitadas Sierra Oeste de Madrid, Sierra del
Rincón o Sierra del Cardoso. Aunque hay alguna ruta más popular,
en esta selección hemos dado prioridad a las menos conocidas, que permiten
una conexión más íntima con el entorno y con uno mismo.

LAS OCHO EXCURSIONES

Un vértice geodésico y un torreón de piedra coronan
la cima de La Almenara (1259 m), este último vestigio
de la época musulmana, desde el cual encendían
hogueras para avisar que se aproximaban tropas de
los reinos cristianos.

LOS GEMELOS DE LA SIERRA OESTE

SUBIDA A LA ALMENARA Y EL ALMOJÓN

Aunque tiene una altitud modesta, las rocosas cumbres de los picos La Almenara y su vecino El Almojón –estandartes de la Sierra Oeste– bien merecen una visita. Disfrutaremos con toda seguridad de una excursión tranquila, con los bellos paisajes que ofrece el límite occidental de la Sierra de Guadarrama.

Texto y fotos: redacción GE

L A Sierra Oeste, donde se ubican los picos de La Almenara y su vecino El Almojón, es una prolongación natural de la Sierra de Guadarrama, formando parte integral de su sistema montañoso. Aunque sus altitudes son relativamente modestas—1259 metros para La Almenara y 1178 metros para El Almojón—sus prominencias y perfiles afilados les confieren una notable singularidad geográfica. La posición geográfica de estas cumbres, algo apartadas del núcleo central de la sierra, las convierte en excelentes miradores naturales. Desde sus cimas, es posible obtener panorámicas espectaculares del conjunto de la Sierra de Guadarrama, la adyacente Sierra de Gredos y la extensa llanura madrileña.

Ambas elevaciones se sitúan en la misma alineación montañosa que, partiendo del puerto de la Cruz Verde, se extiende hasta sumergirse en las aguas del embalse de San Juan. Aunque la distancia en línea recta entre ambas cumbres es de poco más de tres kilómetros, el cordal que las une presenta un perfil ondulante que ofrece una experiencia montañera enri-

Es posible que, en el último tramo de subida a La Almenara, tengamos que utilizar las manos para superar trepando las lanchas de roca finales (a la derecha). Abajo, al inicio de esta excursión, y un cartel que muestra el camino desde Robledo a Navahonda.

FOTOS: ARCHIVO GE

quecedora para quienes deciden ascender a ambas en una misma jornada.

En la cumbre de La Almenara hay unos restos arqueológicos, datados de época musulmana, en los cuales se encendían hogueras para avisar a Toledo de que se aproximaban tropas de los reinos cristianos para atacar. Su nombre procede del árabe *al manara*, "el lugar de la luz". Existe también la Leyenda del Moro de La Almenara: muchos excursionistas cuentan que, algunas tardes, cercana ya la noche, se han visto resplandores en su cumbre, que sería la hoguera que encendería al anochecer un misterioso moro fantasma.

El entorno se caracteriza por un relieve predominantemente montañoso que desciende hacia zonas más bajas atravesadas por los ríos Alberche y Perales. Esta comarca, situada entre las últimas estribaciones de la Sierra de Guadarrama y las primeras elevaciones de la Sierra de Gredos, alberga una diversidad de paisajes y ecosistemas de gran valor ecológico. La vegetación predominante incluye bosques de coníferas, especialmente pino piñonero, así como encinas, alcornoques,

La Virgen de la ermita de Navahonda

En el sereno valle de Navahonda fue descubierta una antigua talla de la Virgen, oculta con celo durante largos años para resguardarla de la invasión musulmana. Hacia el año 1114 fue encontrada por un pastor en el paraje del Valle de las Fuentes, y el pueblo de Robledo y sus autoridades deciden construirle una ermita en dicho lugar. Sin embargo, a oídos segovianos llega la noticia de la aparición de la Virgen e inician un pleito para recuperar la imagen, a la que vinieron a buscar con mulas. Según la leyenda, la mula que iba a trasladar la imagen se tumbó a pocos metros de ella y no fue posible levantarla. De aquí nacen unas estrofas conocidas por todos los robledanos: «y aunque acá el pleito ganaron, en el cielo lo perdieron».

La ermita que hoy se conserva data de finales del siglo XVI y hay testimonios de que pagaba un impuesto de diez perdices al Monasterio de El Escorial y llegó a ser visitada por el rey Felipe II.

El camino que conduce a Navahonda desde Robledo de Chavela (sendero GR-10, de Valencia a Lisboa, una vía pecuaria que utilizaban en otros tiempos los agricultores y ganaderos) es una interesante ruta turística, situada entre los montes El Almojón y La Almenara. Todos los años, en primavera, discurre por él una vistosa romería en recuerdo de tales acontecimientos, trasportando a la Virgen desde su ermita a iglesia Parroquial de la Asunción de Nuestra Señora el domingo de Pentecostés, donde permanece dos semanas, y se devuelve a su ermita en el Domingo de Trinidad, culminando con bailes y festejos.

A la izquierda, dos imágenes del interior y el exterior de la ermita de Navahonda, punto de inicio y llegada de esta excursión. Arriba, bonito ejemplar de sabina en la parte inicial del camino; y abajo, cartel que señala las fincas privadas que delimitan la senda en muchos tramos.

enebros, melojos y castaños, conformando un típico bosque mediterráneo.

ITINERARIO

El punto de partida es la ermita de Navahonda, un sobrio edificio del siglo XVI situado en la ladera oriental La Almenara, en un entorno de bucólica belleza. El pico está justo encima de la ermita, pero tendremos que dar un largo rodeo para llegar hasta su cumbre. El comienzo del camino se encuentra a la izquierda de la ermita, por un camino que está señalizado con un poste de la red de Sendas Verdes de Madrid. Más adelante también encontraremos alguna descolorida señal del sendero GR 10. La senda, bastante deteriorada, sube por la ladera custodiado por muretes de piedra, jaras, zarzas y majuelos.

La NASA en Robledo de Chavela

Podemos aprovechar esta excursión para visitar el cercano municipio de Robledo de Chavela. Entre los distintos atractivos de este pueblo serrano encontramos uno de los tres lugares del mundo que componen la Red del Espacio Profundo, que explora más allá de la órbita lunar. Un lugar donde se encuentra todo un hito de la humanidad: la antena que transmitió que el hombre había llegado a Luna.

La estación de seguimiento de satélites MDSCC (*Madrid Deep Space Communications Complex*) forma parte de una red mundial que cuenta con otros dos centros similares en Canberra (Australia) y California (EEUU). Está ubicado en el km 7 de la carretera de Colmenar del Arroyo a Robledo de Chavela y, aunque actualmente no está abierto a las visitas, sus impresionantes antenas se pueden ver desde la misma carretera.

ADOBESTOCK / KARRASTOCK

ARCHIVO GE

Disfrutando de las vistas en la subida a La Almenara, con el pueblo de Robledo de Chavela a la espalda. Izquierda, una de las antenas de la estación de satélites de esta localidad.

Según vamos ganando altura, los olivos, encinas, fresnos y arces —pocos— que nos acompañaban en los primeros pasos van desapareciendo y el terreno se vuelve cada vez más espartano. Muy pronto toparemos con El Humilladero, una pequeña capilla donde cuenta la leyenda que se paró en seco la mula que transportaba la imagen de la virgen de la ermita cuando se la llevaban a Segovia. Ese gesto fue interpretado como una

señal divina y desde entonces permanece en el lugar del que no "quiso" ser desahuciada.

El camino gana en inclinación pero no deja de ser cómodo, al menos hasta llegar al collado de Navahonda. A la izquierda del camino hay una valla con un torno que cruzaremos para continuar por una estrecha senda agobiada por la maleza y muy empinada en algunos tramos. Después del primer alto, el cordal aparece más despejado de vegetación y todo resulta más sencillo. Las vistas son espectaculares y nos dan continuamente excusas para detenernos y recobrar el resuello.

Después de superar varios altos, alcanzaremos a ver, arriba y todavía lejos, uno de los dos vértices instalados en la cima de La Almenara. La trocha encuentra inteligentemente el paso entre los peñascos que se van haciendo más y más grandes según nos vamos acercando. Finalmente, y con la cumbre muy cerca, trepamos los últimos metros hasta la torre que sustenta el otro vértice, en plena cima. Las vistas son fabulosas. Siguiendo la cuerda con la vista divisaremos, bastante alejado, la cúspide cónica y rocosa de El Almojón.

Vistas desde la cumbre de El Almojón, con la estación de satélites de Robledo en primer término y, al fondo, la ciudad de Madrid con sus características torres. Derecha, en el vértice geodésico instalado en su cima (1178 m).

Regresamos sobre nuestros pasos hasta el collado de Navahonda para continuar por el camino que baja hacia Robledo de Chavela rumbo a El Almojón. Un inciso para señalar que no resulta recomendable seguir a esta montaña por el cordal, puesto que está cubierto de arbustos y zarzas y no hay una senda clara. Es preferible ir por el camino de Robledo a pesar de que ello signifique perder altura. Los casi dos kilómetros de bajada se hacen muy rápido. Una fuente a la izquierda (la fuente de la Marquesita o de las Tejas) es la señal para buscar el rastro de una senda que sube paralela a las vallas de la finca las Aleguillas hasta un esquinazo donde gira hacia la derecha para au-

parse a un collado. Aquí encontraremos los mojones que indican el camino a seguir para culminar El Almojón.

El ascenso es realmente bonito. La senda, estrecha, pronunciada y arropada por una espesa vegetación, nos dejará en la base de una placa de roca cubierta de musgo equipada con una cuerda fija algo precaria (mejor utilizarla como asidero que colgarse de ella). Atención porque la roca puede estar algo húmeda gran parte del año, salvo en verano. Pocos minutos después de superar este tramo alcanzaremos el vértice geodésico en lo más alto de El Almojón. Las vistas son tan extraordinarias como las que conseguimos en La Almenara.

Regresamos a la cuerda fija, la bajamos con cuidado de uno en uno, y continuamos por el mismo camino de subida pero muy atentos para encontrar, antes de llegar al collado, una senda que se separa por la derecha y baja hacia el valle de Navahonda. El descenso es rápido y cómodo y en pocos minutos llegamos a una bucólica nava con prados, viejos fresnos y algunas empalizadas que parecen corrales. Desde aquí enlazaremos con un ancho camino que recorre el vallecillo.

Navahonda es un oasis de paz y silencio solo roto por el balido de algunas ovejas. Siempre caminando por la pista. Hay un lugar después de una granja donde el camino está cortado por un portalón cerrado con candado; en lugar de seguir de frente hay que hacerlo por lo que parece una variante a la derecha que, curiosamente, pasa por la otra parte del cierre. Llegaremos así a una clara bifurcación en donde hay que tomar el ramal de la derecha. Es una corta pero intensa subida que nos va llevar hasta el camino que utilizamos para subir desde la ermita al collado de Navahonda. Ya solo nos queda bajar hacia la ermita donde comenzamos la excursión.

FOTOS: ARCHIVO GE

FICHA TÉCNICA

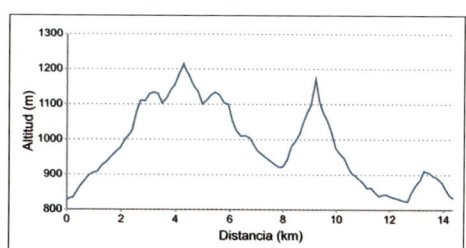

COMIENZO: ermita de Navahonda. **TIPO:** circular.
DISTANCIA: 16 km.
DESNIVEL: +800 m.
CARTOGRAFÍA: hoja 557-2 del IGN 1:25 000.
TRACK: https://desni.in/almenara
INVIERNO: la Sierra Oeste pocas veces se cubre de nieve, y a menudo sucede que, mientras el núcleo central de la sierra está intratable, las nubes no llegan aquí.

SIERRA DE GUADARRAMA

PEÑA CÍTORES, A LA SOMBRA DEL PEÑALARA

Para esta excursión nos dirigimos al corazón de la Sierra de Guadarrama pero dejamos a un lado el muy transitado y conocido camino que asciende su cumbre más alta, el Peñalara, para fijarnos en otra cima vecina: la Peña Cítores que, con sus 2181 m de altitud, nos ofrece unas inmejorables vistas de la sierra a un lado y los Montes de Valsaín al otro.

Texto: redacción GE. fotos: varios autores.

Atardece en el camino de
Peña Citores, con las montañas de la
Mujer Muerta en el horizonte

Los bosques de pino silvestre cubren la sierra, combinando árboles de reforestación con ejemplares autóctonos, que muestran su resistencia a las inclemencias del tiempo con sus troncos retorcidos. Arriba se distingue el cordal que va desde Siete Picos a la Maliciosa.

ARCHIVO GE

A UNQUE no se trata de una montaña de silueta especialmente prominente ni de altitud destacada dentro de la Sierra de Guadarrama, pocas cumbres pueden presumir de portar un nombre con resonancias "reales". Tal parece ser el caso de Peña Cítores, cuyo topónimo podría derivar de la expresión latina *Cito rex*, que se traduce como "Cita real". Esta interpretación se fundamenta en una antigua leyenda que sitúa su origen en tiempos remotos.

Según la tradición, dos hermanas, Raimunda y Leocadia, vivían en las laderas de la sierra dedicadas al pastoreo de un modesto rebaño de ovejas y cabras. Se cuenta que Leocadia, conocida como la joven más hermosa de la comarca, acudió un día en ayuda de un rey que, mientras practicaba la caza, sufrió una caída de su caba-

llo. Agradecido y cautivado por la belleza de la pastora, el monarca le pidió volver a encontrarse con ella al día siguiente. Leocadia aceptó, y el lugar acordado para la "cita real" fue el paraje que hoy conocemos como Peña Cítores.

La leyenda continúa con un giro sobrenatural: se narra que los ángeles intervinieron en la historia, transformando a las dos hermanas en montañas, como símbolo de su pureza y conexión con la sierra. Aunque no se especifica con claridad cuáles serían las montañas resultantes, se sugiere que los nombres y la ubicación de Peña Cítores y las cercanas elevaciones podrían estar relacionados con este mito.

En el contexto histórico, es interesante destacar que Peña Cítores (2181 m) se encuentra en un enclave cargado de significado para la

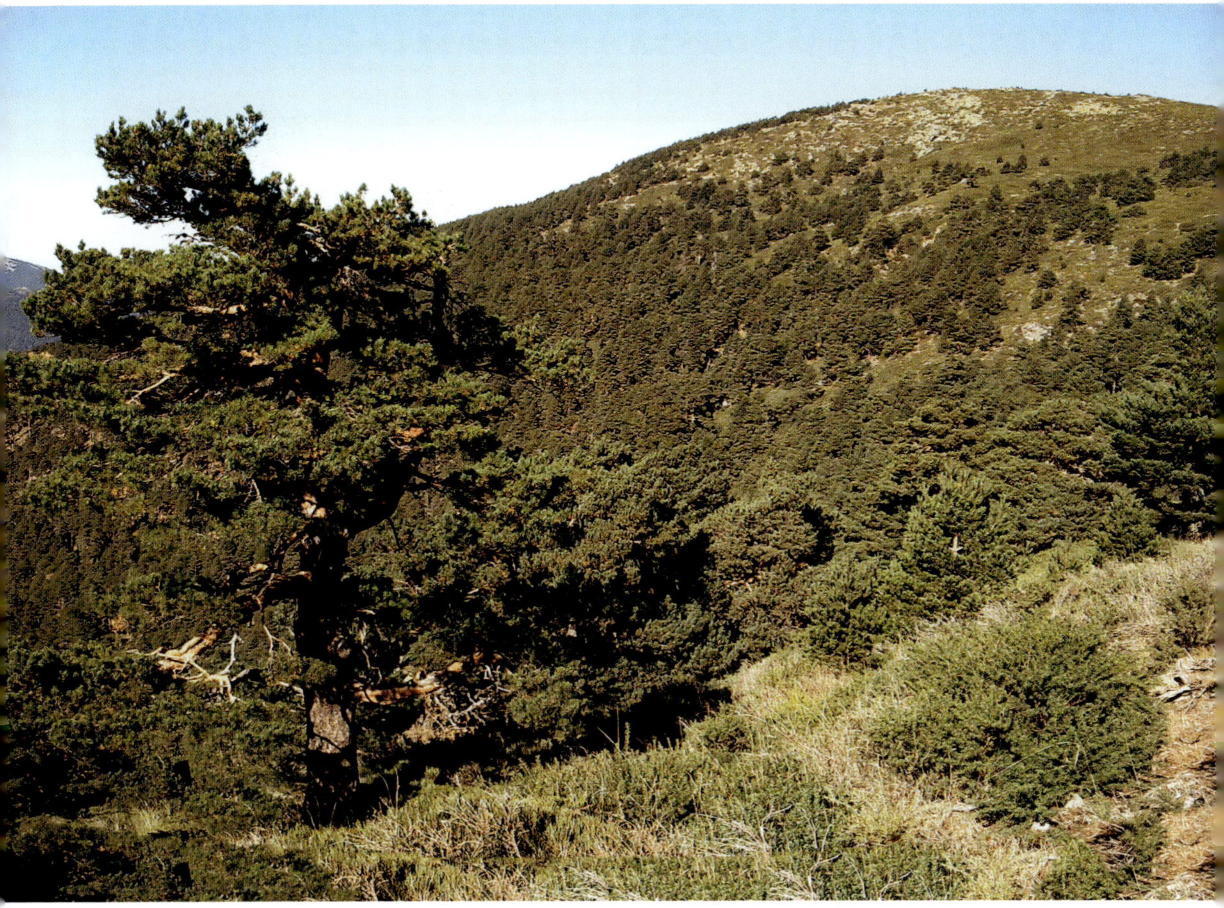

Sierra de Guadarrama. Muy cerca de esta cumbre se han encontrado vestigios de actividades humanas que datan de épocas antiguas, lo que refuerza la importancia cultural y mítica de esta región. Además, fue escenario de episodios históricos más recientes, como la Guerra Civil española, donde se construyeron trincheras y fortificaciones cuyas huellas todavía son visibles. Ubicada en en la vertiente suroriental del macizo de Peñalara, muy cerca del pico Peñalara (2428 m), su entorno destaca por los impresionantes panoramas que ofrece.

ARCHIVO GE

ARCHIVO GE

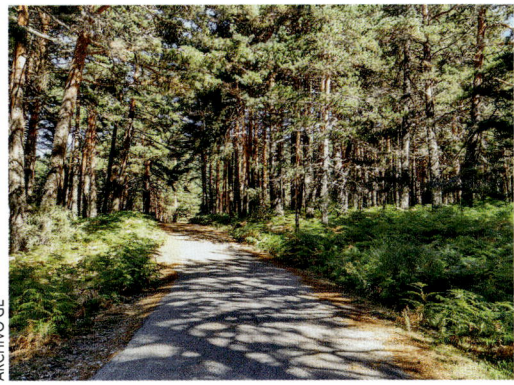

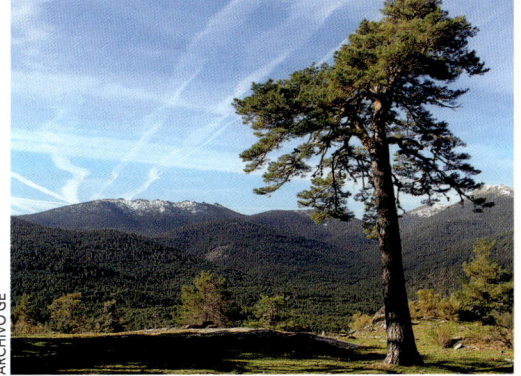

Evidencias del pasado glaciar

Hace aproximadamente 500 millones de años, el área donde hoy se encuentra la Sierra de Guadarrama estaba ocupada por un mar. Este entorno marino dio lugar a la acumulación de sedimentos que, tras millones de años de compresión, se transformaron en rocas sedimentarias. Posteriormente, hace unos 300 millones de años, durante la orogenia hercínica, la colisión entre las placas tectónicas Africana e Ibérica originó grandes cadenas montañosas que alcanzaron alturas estimadas de hasta 6000 metros. Estas montañas, sometidas a procesos de erosión durante cientos de millones de años, terminaron modelándose hasta adquirir las altitudes actuales. La erosión no solo redujo la altura de estas antiguas cordilleras, sino que también depositó enormes cantidades de sedimentos en las cuencas circundantes, incluida la que hoy ocupa la ciudad de Madrid. Más adelante, durante el Cuaternario, el clima frío permitió la formación de glaciares en la Sierra de Guadarrama, que dejaron una huella imborrable en el paisaje. La vertiente este de Peñalara y los Montes Carpetanos fueron moldeados por glaciares que, hace unos 18 000 años, en el último máximo glacial, cubrieron con hielo gran parte del actual Valle de Lozoya.

El macizo de Peñalara es uno de los puntos más meridionales de Europa donde todavía se pueden observar restos bien conservados de la actividad glaciar cuaternaria. Entre las huellas más destacadas se encuentran los circos glaciares, como el conocido históricamente como Hoya del Toril, el circo de Pepe Hernando al sur de la laguna de los Claveles, y los circos del Regajo de la Pedriza y del Brezal. Estas estructuras, formadas por la acción erosiva del hielo, atrajeron el interés de los geólogos europeos a finales del siglo XIX, quienes estudiaron las formaciones con gran fascinación.

Otros vestigios de este pasado glaciar incluyen morrenas y superficies rocosas con líneas de fricción o estrías glaciares, que evidencian el paso de los antiguos glaciares. Estas marcas, visibles en ciertos afloramientos, son prueba directa de la interacción entre el hielo y la roca durante miles de años.

En la actualidad, las lagunas glaciares, como la Laguna Grande, el grupo de las Cinco Lagunas, la laguna de los Claveles o la de los Pájaros, son el legado más accesible de aquel periodo. Estas formaciones no solo enriquecen el paisaje de la Sierra de Guadarrama, sino que también son ecosistemas singulares que albergan especies endémicas y contribuyen al interés científico y turístico de la región. Gracias a la protección ambiental, el Parque Nacional de la Sierra de Guadarrama conserva y estudia estas formaciones, permitiendo que se valoren como testigos de los procesos geológicos y climáticos que han dado forma a esta emblemática sierra.

ARCHIVO GE

La laguna de los Pájaros (izquierda), a 2170 m, es la laguna de origen glaciar más alta del entorno de Peñalara. Arriba, la venta Marcelino, en el Puerto de Cotos.

ITINERARIO

Nos situamos en el puente de la Cantina, en el kilómetro 17 de la CL-601, la carretera que baja del puerto de Navacerrada hacia La Granja. El puente se construyó en el siglo XVIII y, como curiosidad, contar que en este puente se rodó la escena del ajusticiamiento de los gladiadores en la película *La Caída del Imperio Romano*. Allí mismo hay un par de aparcamientos bastante amplios.

La ruta propuesta coincide en parte con el antiguo camino que unía Valsaín con Rascafría y el monasterio del Paular por el puerto de Cotos. El camino comienza al lado de un árbol que tiene con un cartel naranja con la leyenda "FCM Grumbe, Fuente de la Canaleja al Puerto de Cotos". La senda está señalizada con puntos amarillos en los troncos de los pinos del borde del camino. También veremos algunas viejas marcas del GR 10.1. Al cabo de un rato, atravesaremos un primer arroyo y continuaremos por el arrastradero que sale a nuestra derecha. En este tramo las marcas amarillas están muy difuminadas. Nada más cruzar un segundo arroyo (arroyo del Cancho), el camino se bifurca y tomamos el sendero de la izquierda, flanqueado por dos pinos con puntos amarillos. En poco tiempo llegaremos a la pradera de Vaquerizas,

Huellas del Batallón Alpino de Guadarrama

En el trágico otoño de 1936, diversos grupos de esquiadores, montañeros y excursionistas, consideraron que debido a sus conocimientos y especial preparación física, donde podían servir mejor a su patria, era en las altas cumbres que limitan Madrid por el noroeste. Para ello, se agruparon en las compañías que con el tiempo darían lugar al denominado «Batallón Alpino del Guadarrama», una unidad militar del ejército republicano que permaneció durante tres inviernos y dos veranos, de forma casi permanente en esas montañas, con el objetivo de defender los puertos de la sierra durante la Guerra Civil. Entre los promotores de esta iniciativa estaban Teógenes Díaz Gavín, Luis Balaguer y Joaquín Rodríguez. El primero, marmolista de profesión, era un experimentado escalador y uno de los fundadores del Grupo de Alta Montaña de la RSA Peñalara; y Luis era miembro del Peñalara y campeón de esquí. Durante el invierno, los soldados patrullaban sobre esquíes y se refugiaban en precarios abrigos enterrados en la nieve. En Peña Cítores y Dos Hermanas se pueden ver restos de estos refugios. Pese a la importancia estratégica de la sierra, más allá de algún enfrentamiento, el batallón solo participó en la ofensiva a Segovia en mayo de 1937. En las inmediaciones de la Peña Cítores encontramos la Fuente del Batallón Alpino, inaugurada en 2012 como homenaje a los integrantes de esta unidad.

Varias novelas se han inspiradao en la historia de este batallón, entre las que destaca *Por quién doblan las campanas*, de Ernest Hermingway, que fue corresponsal en la Guerra Civil. Otro libro con un enfoque más histórico es *El batallón alpino del Guadarrama*, de Jacinto M. Arévalo Molina (Ed. La Librería, 2009) y, de publicación más reciente, encontramos la novela de ficción *Sombras en la Ventisca* (Ed. Desnivel, 2024), de Juan Mendoza, que recrea las aventuras de estos hombres en la Sierra de Guadarrama.

Panorámica de las montañas de la Cuerda Larga nevadas, con la Bola del Mundo (Alto de Guarramillas) a la derecha de la imagen. Abajo, foto histórica del Batallón Alpino de Guadarrama y la fuente que se construyó en su memoria en 2012, en el entorno de Peña Cítores.

con una plantación de pinos. Aquí hay que girar a la izquierda y recorrer unos 300 metros de pista asfaltada hasta encontrar una pista de tierra que sale a la derecha, por la que continuaremos. Vamos cogiendo altura hasta llegar al puerto de los Cotos.

Ahora hay que dirigirse al albergue del Club Alpino, un histórico edificio actualmente en desuso. Detrás del edificio está el mirador de Lucio, de donde parten varios caminos. Tomamos el que lleva el nombre del Batallón Alpino, en memoria del cuerpo del Ejército Republicano que durante la Guerra Civil utilizó esta senda para acceder a las inmediaciones de Peña Cítores, donde tenían varios puestos.

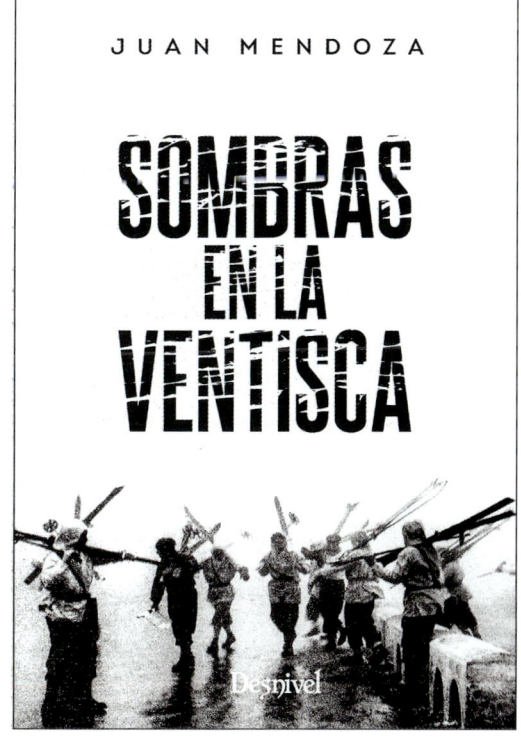

JUAN MENDOZA

SOMBRAS EN LA VENTISCA

Desnivel

La senda gana altura en progresivo ascenso por medio del pinar, señalizada con unos círculos amarillos en los árboles y algunos postes de señales. Al salir del pinar, más o menos en la cota 1800, surge el espectacular paisaje de montaña que nos ocultaba el bosque: de frente, Siete Picos, Montón de Trigo y la Mujer Muerta, y a nuestra espalda las primeras cumbres de la Cuerda Larga: Cabezas de Hierro, Cerro Valdemartín, Alto de Guarramillas...

La pendiente se suaviza y no se tarda mucho en llegar a la fuente de los Pájaros (habitualmente seca en verano). Dejamos a nuestra derecha el desvío que nos llevaría a Dos Hermanas y continuamos en dirección Peña Citores por un sendero algo menos marcado. Pocos metros antes de coronar el collado toparemos con una especie de corral. Por su tamaño y forma es conocido como la Plaza de toros y no es otra cosa que un puesto fortificado del Batallón Alpino llamado Posición Intermedia. En un aparte, una

ARCHIVO GE

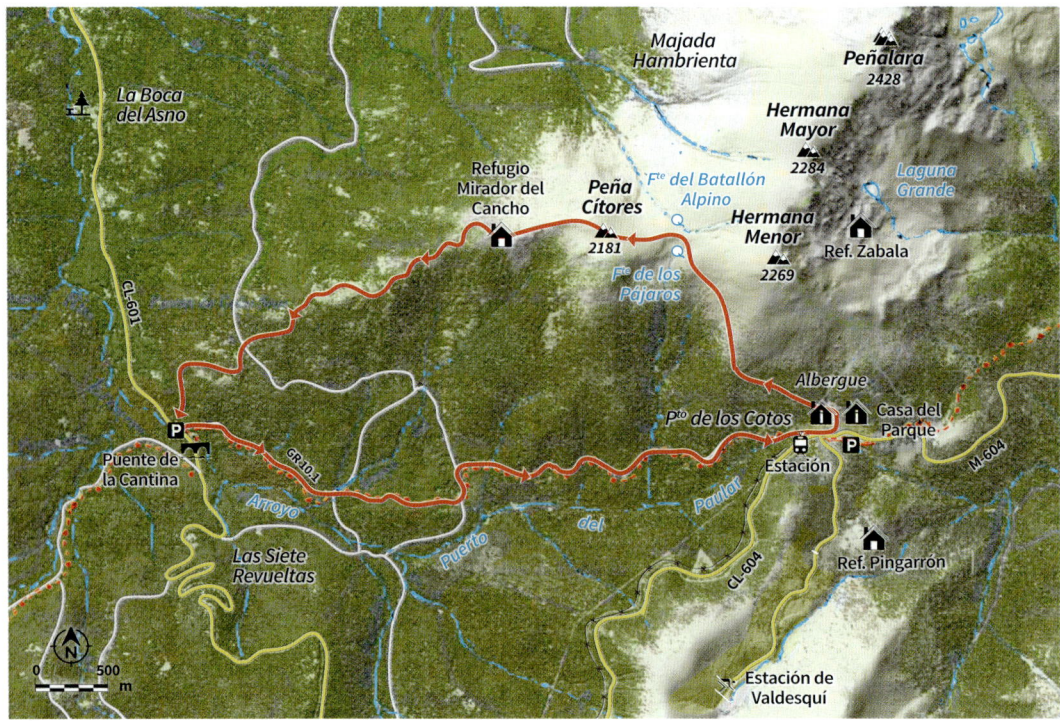

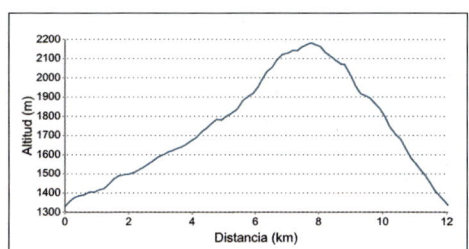

El pequeño refugio que se encuentra cerca de la cumbre de Peña Cítores, que ofrece un mirador privilegiado de la parte occidental de la Sierra de Guadarrama.

FICHA TÉCNICA

COMIENZO: puente de la Cantina (Km 17 CL-601).
TIPO: circular.
LONGITUD: 13,2 km.
DESNIVEL: 921 m.
CARTOGRAFÍA:
hojas 508-2 y 483-4 del IGN 1:25 000.
TRACK: https://desni.in/cantinacitores

sencilla placa rinde tributo al capitán Leatherdale y a todos los soldados que defendieron el orden constitucional. La zona está plagada de restos de fortificaciones, refugios, trincheras y puestos de observación, así como la fuente que honra su memoria, inaugurada en 2012.

Sería difícil saber cuando alcanzamos la cumbre de Peña Citores si no fuera por el vértice geodésico. Hacia el oeste, siguiendo el cordal, se aprecia un pequeño refugio que es un pequeño habitáculo construido como caseta de vigilancia forestal en el mirador del Cancho.

A la derecha del refugio encontraremos un sendero marcado con hitos que resigue el cordal y luego desciende por la ladera, por una senda algo difusa en varios tramos. Tras bajar unos 500 metros, el camino atraviesa una pista y continúa bajando hasta llegar a la carretera, ya muy cerca del punto de inicio de esta excursión.

Peñalara, el techo de la Sierra de Guadarrama

CON 2428 metros sobre el nivel del mar, tal y como indica el vértice geodésico que se encuentra en su cumbre, el pico Peñalara es el punto más elevado de la Sierra de Guadarrama, así como de las provincias de Madrid y de Segovia. Es un icono tanto para madrileños como para segovianos, estableciendo un límite provincial: la ladera Este está dentro del término municipal de Rascafría (Madrid) y del valle del Lozoya, y lado Oeste está en el valle de Valsaín (Segovia).

Existen diversas teorías en cuanto a su toponima; una de las más extendidas afirma que viene de la unión de las palabras latinas *penna* y *lara*, que significan "cabeza" y "llanura" respectivamente, y que habría sido bautizada así en honor a la silueta redondeada de su cumbre. Otra teoría afirma que el origen de su denominación viene de Peña de Lara, en referencia al alfoz medieval de Lara de donde partieron muchos pobladores de las tierras de Segovia. Incluso antes de los romanos fue considerada una montaña sagrada por los arévacos, un pueblo celta que habitó el centro de la Península Ibérica antes de la conquista romana.

Más allá de su denominación, lo que resulta innegable es la trascendencia que ha tenido su influencia en la cultura montañera de toda la zona. Su relativa facilidad de acceso dificulta conocer cuándo tuvo lugar la primera ascensión, si bien se tiene constancia de que, en agosto de 1822, el cartógrafo y capitán de navío Felipe Bauzá y Cañas alcanzó la cima de Peñalara partiendo desde La Granja. Utilizando un barómetro de mercurio, Bauzá calculó por primera vez la altitud de la montaña, estimándola en 1286,64 toesas (una antigua medida de longitud equivalente a 2506 metros sobre el nivel del mar), como se recoge en un artículo del naturalista Alexander von Humboldt. Hoy en día es fácil encontrar multitud de excursionistas que, cada fin de semana, recorren el marcado sendero que sube a esta cumbre desde el Puerto de Cotos.

El río Eresma nace en el valle de Valsaín de la confluencia de varios arroyos que bajan de las laderas de Peñalara, Siete Picos y Montón de Trigo, entre otros, y tras rodear la ciudad de Segovia y atravesar la provincia de Valladolid, desemboca en el río Adaja, que a su vez es afluente del Duero.

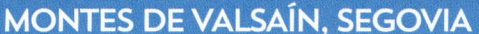

MONTES DE VALSAÍN, SEGOVIA

EL CAMINO DE LAS PESQUERÍAS REALES

La afición por la pesca del monarca Carlos III motivó la construcción de un sendero, entre 1767 y 1769, que acondicionaba las orillas y el cauce del río Eresma para la práctica de esta actividad. Más de dos siglos después, este legado histórico sigue siendo un camino muy apreciado, que transcurre por un magnífico entorno.

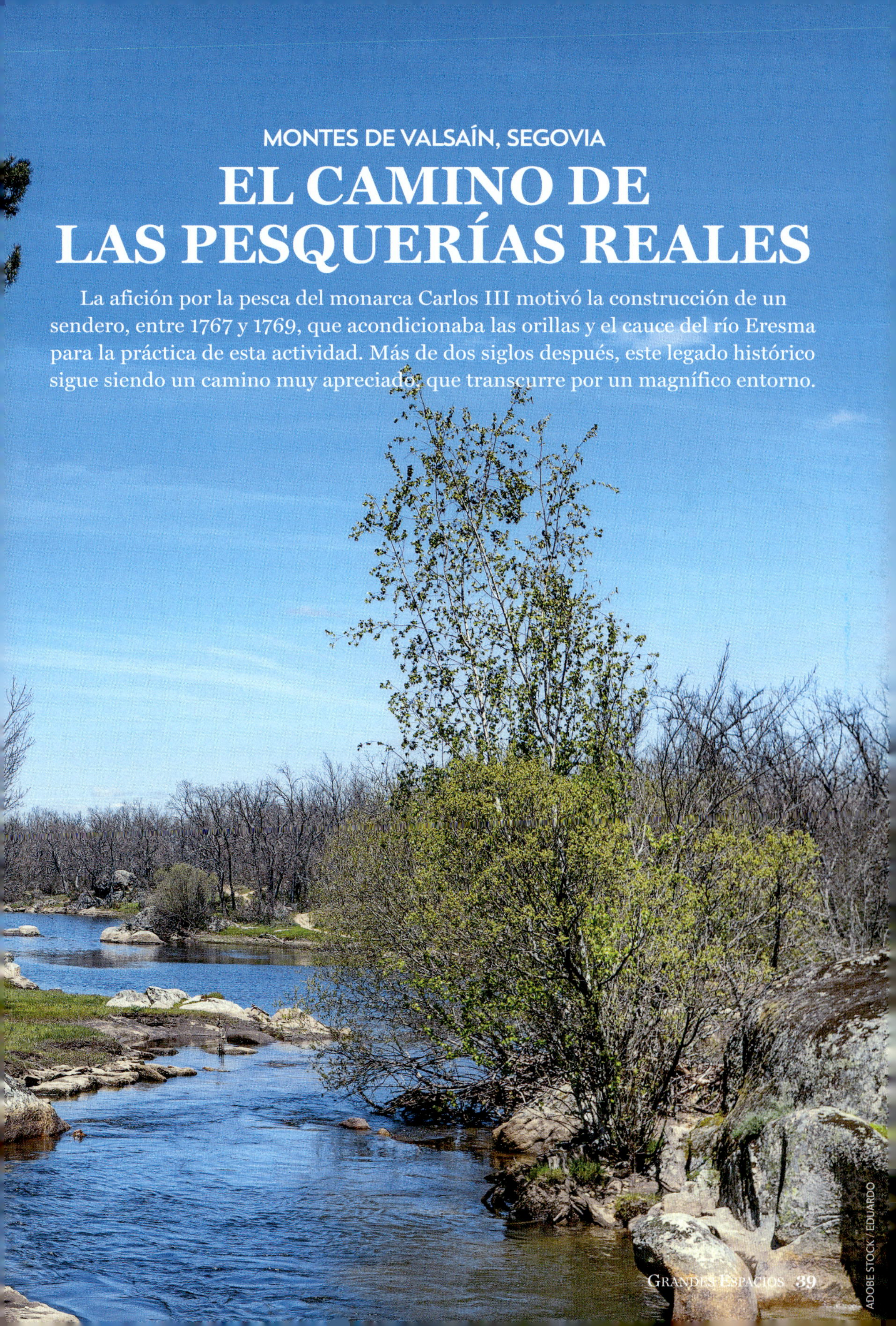

ADOBE STOCK / EDUARDO

EL Camino de las Pesquerías Reales, una joya histórica enclavada en la provincia de Segovia, es testimonio del fervor del rey Carlos III por la pesca y la naturaleza. Este monarca ilustrado, durante sus estancias estivales en el Palacio de La Granja de San Ildefonso, ordenó en 1767 la construcción de un sendero que facilitara el acceso a las riberas del río Eresma, permitiendo así la práctica de la pesca en un entorno de comodidad y seguridad.

Las obras, que se extendieron hasta 1769, consistieron en la pavimentación de aproximadamente nueve kilómetros de la margen izquierda del río Eresma. Para ello, se erigieron muros de piedra, se instalaron pasaderas para cruzar el río y se construyeron escalinatas que conducían directamente a las zonas de pesca. Estas intervenciones facilitaron la actividad pesquera y fueron construidas integrándose armoniosamente con el entorno natural.

ADOBE STOCK / EDUARDO

Primavera y otoño son las mejores épocas para recorrer esta senda, si bien la sombra de sus pinares, así como la cercanía del río, hacen que también sea apta en verano. Derecha, la presa del Salto del Olvido.

forma de aceras las tortuosas y quebradas orillas, con escalones de piedra y de césped cuando el terreno lo exigía». Más de dos siglos después la obra pervive en un relativo buen estado.

Siguiendo el cauce del Eresma

Al transitar por este sendero, el visitante es acompañado por el murmullo constante del río Eresma, cuyas aguas reflejan los tonos verdes y ocres de la vegetación circundante. La senda serpentea entre frondosos bosques de pinos silvestres y robles rebollos, que proporcionan sombra y frescura, especialmente apreciadas durante los meses estivales.

La fauna del lugar es igualmente rica y diversa. Es común avistar truchas bravas en los remansos del río, especialmente durante la primavera, cuando el caudal aumenta con el deshielo. Además, el entorno alberga una variada avifauna, incluyendo especies como el águila imperial y el buitre negro, que encuentran en estos parajes un hábitat propicio para su desarrollo.

JAVIER CARBALLO

El barón de Bourgoing, un viajero que visitó nuestro país a finales del XVIII, dejó constancia de las obras: «A un cuarto de legua del real sitio tiene su cauce un modesto río, el Eresma, que proporcionaba a Carlos III uno de sus placeres favoritos, la pesca. El monarca hizo allanar en

A lo largo del camino, destacan los puentes de piedra que permiten cruzar el río en distintos puntos, las escalinatas que descienden hasta las zonas de pesca y las pequeñas presas que, en su momento, facilitaban la cría de truchas. Estos elementos, además de su funcionalidad, aportan un valor estético al recorrido, evocando tiempos pasados y permitiendo al visitante sumergirse en la historia.

La relevancia histórica del Camino de las Pesquerías Reales trasciende su función original. Representa un ejemplo del mecenazgo real en pro de la naturaleza y el ocio, integrando la ingeniería civil con el respeto al entorno. Este sendero ha perdurado a lo largo de los siglos, convirtiéndose en un legado cultural y natural que continúa siendo apreciado por visitantes y locales.

Hoy en día, es una ruta de senderismo accesible para todo tipo de público. Su trazado, mayoritariamente llano y bien señalizado, permite recorrerlo en aproximadamente tres horas, dependiendo del ritmo y las paradas que se realicen para apreciar el paisaje o descansar. Es recomen-

FOTOS: ADOBE STOCK / EDUARDO

Durante todo el recorrido se atraviesan numerosos puentes, como el Puente de la Boca del Asno (arriba), o el Puente de los Canales (izquierda), hoy en muy buen estado gracias a su rehabilitación.

dable llevar calzado cómodo, agua y protección solar, especialmente en los meses de verano.

La opción larga

Hay dos maneras de recorrer esta senda cargada de historia: la más corta –y aconsejable para hacerla con niños– comienza Valsaín. La segunda –que es la que aquí describiremos– empieza en La Granja, en concreto en el puente sobre el embalse del Pontón Alto. Aquí inicia un sendero bien definido que penetra en un denso robledal. Muy pronto veremos los primeros trabajos hechos para acondicionar el histórico camino. En pocos minutos llegamos al puente de las Pasa-

deras, en realidad una sucesión de bloques que, probablemente, queden sumergidos cuando el río Eresma baje crecido.

Unos metros más adelante aparece un puente más moderno con pasamanos en madera. A partir de aquí, se van haciendo más visibles los trabajos de adecuación: pequeños muros de granito, escalinatas que bajan a la orilla, plataformas, etcétera.

Sin tomar ninguno de los desvíos, caminaremos por la senda principal en suave descenso. Pronto quedan atrás los últimos edificios de La Granja, penetrando la pista en un espeso robledal, donde al poco cruza el arroyo Carnero por el puente del Niño. La pista conserva trazos del primitivo empedrado y, siempre en descenso, alcanza el Eresma, el cual cruza por un segundo puente.

Aquí, el texto de un mojón recuerda a los caminantes la historia de las pesquerías reales.

Después un primer y tranquilo tramo, el camino se estrecha en la central hidroeléctrica o Fabrica de Luz, donde unos escalones permiten salvar la pendiente. Sigue un bonito tramo en el que vamos a encontrar, en una roca, grabada una corona real y la inscripción: «Año de 1768». Muy cerca se levanta el puente del Anzolero. Su nombre evoca el oficio de fabricante de anzuelos, una profesión que debió ser importante en tiempos de Carlos III.

Pasa el camino por debajo del puente y recorre un trecho con sucesivos saltos de agua y tramos empedrados bien conservados hasta el embalse de Valsaín. Superado el desnivel, el camino se separa de la orilla, al tiempo que pasa bajo algunos robles monumentales.

Encontramos un segundo panel que cuenta la historia de la Casa Real del Bosque, o palacio de Valsaín, construido en el siglo XVI por orden de Carlos V sobre el viejo pabellón de caza de Enrique III. La Casa quedó destruida por un incendio en 1686 y no volvió a reconstruirse después.

La antigua central hidroeléctica o Fábrica de Luz. A la derecha, tramo del camino con el característico bosque de pinos de Valsaín; y arriba, carromato y cruz que marcan el desvío de entrada al pueblo de Valsaín.

El pino de Valsaín

JAVIER CARBALLO

Los Montes de Valsaín -que pertenecen al Parque Nacional de la Sierra de Guadarrama- están dominados por pinares de pino silvestre, considerados de los mejor conservados de Europa, lo que le ha valido el sobrenombre de pino de Valsaín. También es conocido con otros nombres como pino serrano, pino albar, pino del Norte, pino rojo o pino bermejo; estas últimas denominaciones hacen referencia al color rojizo de su corteza. Es una conífera que puede alcanzar los 30 metros de altura, llegando a crecer 6 metros de altura en 10 años. Da una excelente madera y es explotado desde tiempos inmemoriales, siendo el motor económico del valle de Valsaín. Su longevidad se estima entre los 150 y 300 años, aunque puede llegar a superar los 500 años de edad en las condiciones más propicias.

Además de los característicos pinos, que ocupa la parte alta de los montes, más abajo se establece el roble rebollo y en la zona baja hay manchas de encinares. En las orillas de los ríos se forman bosques de galería y, diseminados, podemos encontrar acebos, tejos, álamos, guindos, fresnos y arces, que se combinan con los arbustos y matorrales como la retama, la jara estepa, el enebro rastreo, el piorno y el brezo. Toda la zona tiene una elevada riqueza ambiental y biodiversidad, reforzada por su histórica protección, como reserva y coto de caza, por la monarquía española.

Palacio de Valsaín, esplendor del pasado

El palacio de Valsaín fue uno de los primeros palacios reales de España construido como residencia de caza. Originalmente llamada Casa del Bosque, empezó siendo utilizado por la casa Trastámara, en tiempos de Enrique III y Enrique IV. El impulsor de sus principales estructuras fue Felipe II, que entre 1552 a 1556, ordenó construir sobre el primitivo pabellón de caza una edificación palaciega con influencias flamencas. Era reconocido por sus jardines, fuentes y estanques, y su entorno en los Montes de Valsaín lo hacía ideal para la caza. Sin embargo, en 1686, un incendio devastador destruyó gran parte del edificio, lo que llevó a su abandono. Posteriormente Felipe V se mostró interesado en la reconstrucción del edificio flamenco, pero finalmente decidió construir en La Granja de San Ildefonso un nuevo palacio a la usanza francesa de sus ancestros, quedando el primero en el abandono.

Es inevitable cruzar la pequeña carretera de Valsaín para retomar el camino de nuevo junto a las aguas que cruzan las amplias praderas de este pueblo serrano. Llegamos al puente de los Canales, en realidad un acueducto formado por un único arco y veintisiete pilares, cuyo fin era abastecer de agua al palacio de Valsaín. El escudo real de la clave del arco certifica tal uso. El puente es la puerta que da entrada a la parte más bonita de la excursión: la que discurre por los más densos pinares de Valsaín. El camino se adapta en todo momento al curso del Eresma y nos transmite el esplendor de las épocas pasadas, con los nobles pescando truchas en el río cómodamente sentados en butacones traídos por criados.

Áreas recreativas

Después de un par de horas de caminata llegaremos a Los Asientos primero y, después, a La Boca del Asno. Hay que decir adiós al silencio que nos ha acompañado durante toda la excursión, pues ambas son áreas recreativas muy visitadas, sobre todo en temporada estival.

Lo de la Boca del Asno viene porque las rocas que forman la estrecha garganta por la que el río se encaja asemeja la quijada abierta de un burro. El camino que traemos salva el escollo gracias a una larga escalinata en piedra, tras la cual se desciende de nuevo al nivel de las aguas. La senda llega al puente de los Vadillos y, algo después, a la

conjunción de los arroyos del Cerro Minguete y del puerto de El Paular. Hay que continuar hasta la siguiente confluencia de riachuelos, formada por el citado arroyo del Cerro Minguete con el del Telégrafo. En este lugar se alcanza una pista asfaltada que seguiremos a mano izquierda hasta llegar a la carretera que viene (N 601) del puerto de Navacerrada, unos metros por encima del puente de la Cantina. Un senderillo a mano izquierda permite alcanzar dicho puente y, en el otro lado, la fuente de la Canaleja.

Si no se ha dejado un automóvil en este punto (hay un pequeño aparcamiento al lado de la fuente), hay que cruzar de nuevo el puente y emprender el descenso por un nuevo camino que desciende junto al Eresma y que lleva rápidamente al puente de Los Vadillos, donde reencontraremos el camino de las Pesquerías Reales.

Arriba, conducción del agua junto a la presa del Salto del Olvido. A la izquierda, pintura del Palacio de Valsaín hacia 1633, obra de Félix Castelo, y debajo su estado actual. Y a su lado, uno de los saltos del Eresma.

FICHA TÉCNICA

SITUACIÓN: Montes de Valsaín. Segovia.
SALIDA: puente sobre el embalse del Pontón Alto. La Granja.
LLEGADA: fuente de la Canaleja. **LONGITUD:** 12 km (solo ida).
DESNIVEL: 235 m. **DIFICULTAD:** moderada.
CARTOGRAFÍA: hojas 483-3, 508-1 y 508-II del IGN. 1:25.000
OBSERVACIONES: en días de lluvia el enlosado es muy escurridizo. En invierno las zonas húmedas se hielan.
OFICINA DE TURISMO DE LA GRANJA: www.turismorealsitiodesanildefonso.com y tel. 921 473 953.
TRACK: https://desni.in/hujqm

FOTOS: JAVIER CARBALLO

VALLE DE LOZOYA

EL CHORRO DE SAN MAMÉS Y REAJO ALTO

El Chorro o la Chorrera de San Mamés es uno de los saltos de agua
más espectaculares de la Comunidad de Madrid, ubicado en el Alto Valle de Lozoya.
En esta excursión te proponemos además subir a la cercana cumbre del Reajo
Alto, donde nacen las aguas que forman el arroyo del Chorro que, tras su andadura
por los pueblos, desemboca en río Lozoya.

TEXTO: REDACCIÓN GE. FOTOS: VARIOS AUTORES

El chorro de San Mamés baña las losas de granito por las que se desliza el agua, puliéndolas y reavivando su color rojizo y negro.

SAN MAMÉS es un pequeño pueblo de la Sierra Norte de Madrid, que forma municipio con la vecina Navarredonda, distante un kilómetro escaso. Se encuentra ubicado dentro del valle del Lozoya, con una altitud que varía de los 1100 hasta los 2100 metros, lo que propicia una variada fauna y flora muy bien adaptadas a este entorno. En sus alrededores crecen bosques de robles, fresnos, acebos, pinos... mientras que los arroyos, en su mayoría afluentes del río Lozoya, riegan los huertos y los prados que sirven de pasto al ganado. En las zonas más altas, la vegetación desaparece para dejar al descubierto unas espectaculares vistas, en su vertiente sur hacia la provincia de Madrid y Guadalajara, y en su vertiente norte hacia Castilla y León.

La principal fama de este municipio le viene por albergar uno de los saltos de agua más importantes de la Comunidad de Madrid, la Chorrera de San Mamés. Para completar esta propuesta, ascenderemos también a la principal cumbre del entorno, el Reajo Alto, con una altitud de 2100 metros sobre el nivel del mar.

ITINERARIO

San Mamés es muy pequeño y no cuesta encontrar el comienzo del camino que lleva a la chorrera. Con todo, un gran panel informativo, un poste de dirección y el nombre de la calle pone a los más despistados sobre la pista del camino del Chorro. En el panel se explica que se trata de un antiguo camino que utilizaban los fabriqueros, es decir, los carboneros que producían carbón vegetal con la madera de los robles melojos que cubrían –y cubren– los pisos inferiores de la sierra. El ancho camino avanza deci-

En San Mamés encontraremos carteles e indicaciones claras para encontrar el inicio de la ruta al Chorro, principal atractivo del pueblo, junto a la iglesia de San Roque. El tramo inicial transcurre por una ancha pista flanqueada por robles melojos (izquierda).

El tejo milenario de Barondillo

El tejo no es un árbol habitual en la sierra de Guadarrama, por lo que resulta aún más sorprendente encontrar en esta zona algunos ejemplares milenarios, que ese encuentran entre los más ancianos de la Comunidad de Madrid. La longevidad de estas especies ha propiciado numerosas leyendas, ademas de vincularse a espacios sagrados, donde se plantaban como símbolo de espiritualidad y trascendencia. Los griegos y romanos lo apodaron «árbol de la muerte» debido a la toxicidad de sus semillas y hojas, mientras que los celtas lo veneraban como un árbol sagrado que representaba el vínculo entre el mundo de los vivos y el de los muertos. Su capacidad de regenerarse, incluso cuando parece muerto, reforzó este simbolismo de renacimiento y perpetuidad, cualidades clave en los rituales mágicos. Esta percepción fue adoptada más tarde por el cristianismo, que incorporó los tejos en los cementerios y en los alrededores de iglesias como símbolo de eternidad.

Cuentan también que las brujas utilizaban partes del árbol para preparar pócimas o brebajes, que podían bien curaro bien causar daño, aprovechando su poder tanto destructivo como sanador.

Además de su valor simbólico, el tejo también tuvo un papel estratégico en la historia gracias a su madera rojiza y extremadamente resistente, utilizada para fabricar arcos de gran calidad y ejes de carro, esenciales en la época.

En la Comunidad de Madrid, esta especie está protegida desde 1985. Los tejos se distribuyen en barrancos sombríos y vaguadas de lugares como Somosierra, Montejo, Miraflores, La Pedriza, Canencia y el valle de la Fuenfría. Sin embargo, el único conjunto que realmente puede considerarse una tejeda se encuentra en el curso del arroyo de Barondillo o Valhondillo, en la ladera nororiental de Cabezas de Hierro, cerca de las fuentes del Lozoya. En esta zona habitan ejemplares centenarios, destacando el tejo de Barondillo, que supera con creces los 1500 años de vida y está catalogado como árbol singular de la Comunidad de Madrid.

Se encuentra a solo una media hora de coche de la excursión propuesta en estas páginas y bien merece una visita si estamos por la zona.

JAVIER CARBALLO

JAVIER CARBALLO

El término municipal, y esta ruta, se encuentra dentro del Parque Nacional de la Sierra de Guadarrama. A la izquierda, ejemplar de tejo de Barondillo, con sus característicos arilos rojos (semilla envuelta por una cubierta roja).

didamente hacia el norte, dejando a un lado y otro campos donde pastan indiferentes las vacas. De vez en cuando un poste indica el buen rumbo hacia la chorrera que divisaremos, muy lejos aún, en un roquedo.

A la entrada del pinar se mantiene en pie una bonita casa forestal que, exteriormente, parece en buenas condiciones, pero cuyo interior ha sido víctima del vandalismo. Ya en el bosque de pinos, un mojón de granito señala la línea imaginaria del límite del Parque Nacional de la Sierra de Guadarrama. Poco después, la pista gira decididamente a la derecha. Es hora de abandonarla y seguir por un ancho camino. No hay temor a pasarse el desvío, pues un poste marca claramente nuestro destino y más adelante, un

FOTOS: ARCHIVO GE

El embalse de Riosequillo

Si realizamos la excursión en una época calurosa, no querremos dejar de acudir al cercano embalse de Riosequillo, que recoge las aguas del río Lozoya a la altura de la localidad de Pinilla de Buitrago. Construido en 1956, con una capacidad de 50 hectómetros cúbicos y una superficie de 326 hectáreas, está destinado a generación eléctrica y abastecimiento de agua. También tiene un importante uso recreativo para la pesca de barbos, bogas, carpas y carpines. Sus aguas están incluidas dentro de un Área de Control Especial, por lo que para practicar la pesca deberemos obtener una autorización diaria que, aunque gratuita, resulta imprescindible. Cuenta con un área recreativa que incluye una de las piscinas naturales más grandes de España, con 4500 metros cuadrados y un aforo de 2000 personas.

Está ubicado en las afueras del cercano municipio de Buitrago de Lozoya, con su impresionante recinto amurallado medieval, rodeado por un meandro del río Lozoya, que es otro lugar de imprescindible visita.

Más información:
https://arearecreativa.buitrago.org

ARCHIVO GE

ADOBESTOCK / ÁNGEL LUIS

Un cartel en las cercanías de La Chorrera indica advertencias de seguridad y prohibiciones. Izquierda, el cercano pueblo de Buitrago de Lozoya, amurallado en un meandro del río Lozoya.

nuevo poste marca el camino de Navarredonda. Estas señales pertenecen a Carpetania, una red de senderos vecinales que se encuentra en la comarca de Sierra Norte de Madrid. El camino va haciéndose más estrecho hasta quedar convertido en un sendero que vadea un arroyo, y empieza a ganar altura por una ladera desnuda y pedregosa. Unos cables de acero aseguran los tramos más comprometidos, mientras que algunos carteles advierten de que atravesamos un terreno no exento de riesgo.

La cascada, ribeteada de chupones y puntillas de hielo en esta estación invernal, no tarda en aparecer en todo su esplendor. La trocha escala

El Monasterio de Santa María del Paular

ADOBESTOCK / JOSÉ RAMÓN AGUIRRE

Ubicado en Rascafría, a unos 30 kilómetros de la ruta de San Mamés, es uno de los conjuntos monásticos más importantes y antiguos de la Comunidad de Madrid. Su construcción comenzó en 1390, bajo el reinado de Juan I de Castilla, y su diseño original fue encargado a la orden cartuja. Durante siglos, el monasterio desempeñó un papel central tanto en la vida religiosa como en la económica de la región, siendo un punto de referencia para la espiritualidad y la administración agrícola. El cenobio fue concebido como un espacio de recogimiento y oración para los monjes cartujos, quienes llevaron a cabo una estricta vida monástica basada en la soledad y el silencio. En su época de esplendor, fue uno de los complejos más prósperos de Castilla, con amplias propiedades y gran influencia. Sin embargo, como muchos otros monasterios, sufrió la desamortización en el siglo XIX, lo que llevó a su abandono temporal. En la actualidad, se encuentra restaurado, por lo que ha recuperado gran parte de su esplendor original.

Entre sus principales atractivos está su iglesia con su retablo mayor, de estilo barroco; su sala capitular, decorada con pinturas de gran valor histórico; el claustro y el jardín monástico, o el "Transparente", diseñado por el arquitecto Ventura Rodríguez en el siglo XVIII, una estructura que permite que la luz entre de una forma espectacular en el altar mayor, causando un efecto místico.

Más información:
www.monasteriodeelpaular.com

ADOBESTOCK / TANITAKUM

Arriba, en la zona del Reajo Alto. A la izquierda, vista exterior e interior del Real Monasterio de Santa María de El Paular, declarado Bien de Interés Cultural con categoría de Monumento Nacional desde 1876.

la pendiente y, de vez en cuando, se desvía para conducir al caminante hasta miradores desde los que se consiguen las mejores fotografías. Unos carteles aconsejan no traspasar las barandillas: un resbalón podría resultar fatal, especialmente en los días más fríos del invierno, en los que podemos encontrar la roca cubierta de hielo.

Después de admirar este bello salto de agua continuamos hacia el Reajo Alto, siendo conscientes de que la excursión no ha hecho más que empezar. El sendero es fácil de seguir y gana altura decididamente, siempre a la sombra del bosque y cerca del arroyo que forma la cascada hasta terminar muriendo en una pista. Daremos un corto respiro a los gemelos caminando por ella unos quinientos metros. Hay que ir muy atentos para encontrar una trocha

que comienza justo donde la pista rodea la loma que desciende del Reajo Alto. La senda escala sin complejos la loma y llega a otra pista que coincide más o menos con el límite superior del pinar. Justo enfrente comienza el largo y tedioso cortafuegos que seguiremos hasta el cordel carpetano. Mucho antes de llegar a él divisaremos, a nuestra diestra, los vértices geodésicos del Reajo Alto y, un poco por debajo, el del Reajo Bajo. A nuestras espaldas se despliega un grandísimo panorama que abarca desde la sierra de Ayllón a la sierra de La Cabrera, Cuerda Larga y el macizo de Peñalara.

Al llegar a la cuerda topamos con un cruce de caminos con un poste del Parque Nacional. No necesitamos mucha más información pues el rumbo es claro: hacia el este. Primero por unas rodadas y luego buscando el mejor paso entre los

piornos. Con la vista puesta en el vértice geodésico nos dirigimos a la cumbre del Reajo Alto, la montaña de más de dos mil metros de altitud más septentrional de la Sierra de Guadarrama. Las vistas desde todo lo alto son espléndidas.

Con el ánimo de completar una ruta circular, continuamos por la cuerda carpetana hasta llegar al Lomo Gordo, donde yace tendido un vértice geodésico. Un nuevo cortafuegos nos indica claramente por donde hay que bajar, en un descenso pronunciado que no da tregua. Más adelante el cortafuegos cruza una pista y sigue bajando hasta alcanzar una segunda pista, a la altura de una vaguada. Caminamos hacia la izquierda un centenar de metros en busca de un minúsculo sendero que surge hacia la derecha y que nos devuelve a la vaguada. Desde aquí seguimos bajando, guiándonos por el rumor del arroyo, hasta llegar a otra pista que tomamos a la izquierda y que ha de dejarnos allí donde hace horas nos desviamos hacia la chorrera. Hemos llegado a terreno conocido y solo resta desandar el camino hasta San Mamés para completar esta ruta circular.

La iglesia de San Roque

Si lo deseaamos, podemos seguir de frente por una pista que nos llevará directamente a la iglesia de San Mamés, a la entrada del pueblo. Se asienta sobre la antigua ermita erigida en honor al santo por los primeros pobladores, de

FOTOS: ARCHIVO GE

Izquierda, celebrando la llegada al vértice geodésico instalado en la cumbre del Reajo Alto (2099 m) y sus magníficas vistas. La vertiente noroeste de esta montaña pertenece a la provincia de Segovia y la sureste a la de Madrid.

origen franco. La influencia islámica de la zona (Navarredonda fue fundada por los árabes a mediados del siglo XI), ha quedado reflejada en su bello ábside de estilo románico-mudéjar. Durante la Guerra Civil perdió imágenes y retablos descubriéndose en el ábside restos del pantocrátor románico original. La reconstrucción posterior modificó internamente el cuerpo principal, pero respetando el perímetro y la distribución. También se instaló un retablo moderno que en 1970 fue sustituido.

Es el edificio más significativo de esta pequeña población y una visita que pone un buen broche final a esta recomendable excursión.

FICHA TÉCNICA

COMIENZO: San Mamés.
TIPO: semicircular.
LONGITUD: 19 km.
DESNIVEL: +1100 m.
CARTOGRAFÍA: hojas 484-1 y 458-3 del IGN. 1:25 000.
TRACK: https://desni.in/reajoalto
OBSERVACIONES: es fácil pasar de largo el sendero que sube por la loma. Si eso sucediera, continuar por la pista y en la segunda curva atrochar campo a través hasta encontrar la pista superior donde empieza el cortafuegos.

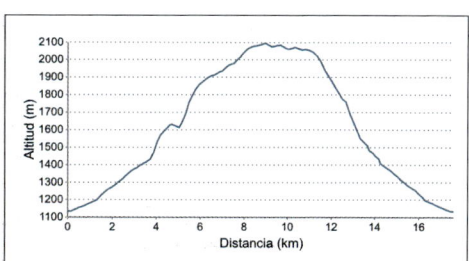

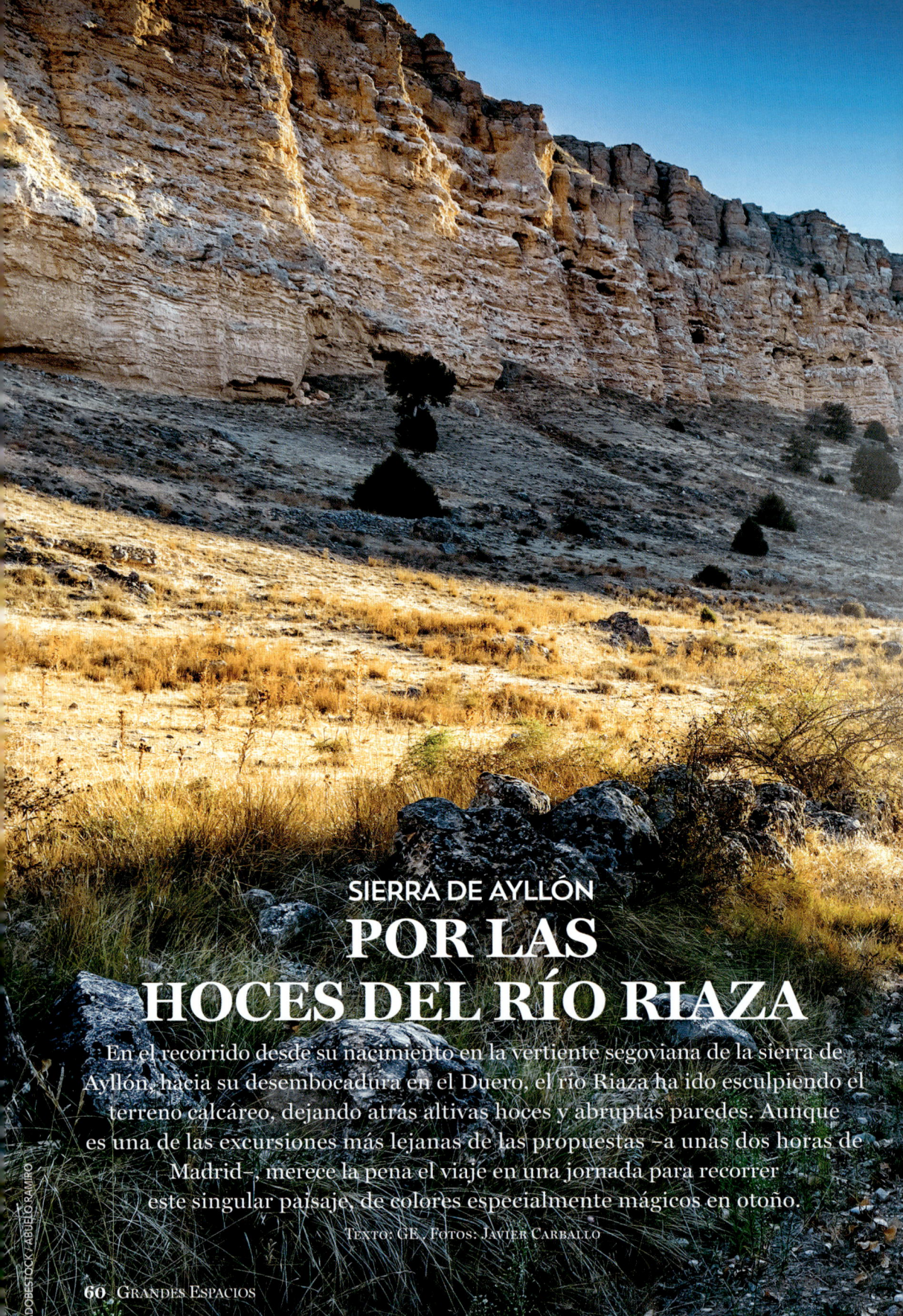

SIERRA DE AYLLÓN
POR LAS
HOCES DEL RÍO RIAZA

En el recorrido desde su nacimiento en la vertiente segoviana de la sierra de
Ayllón, hacia su desembocadura en el Duero, el río Riaza ha ido esculpiendo el
terreno calcáreo, dejando atrás altivas hoces y abruptas paredes. Aunque
es una de las excursiones más lejanas de las propuestas –a unas dos horas de
Madrid–, merece la pena el viaje en una jornada para recorrer
este singular paisaje, de colores especialmente mágicos en otoño.

Texto: GE. Fotos: Javier Carballo

Las erosionadas paredes calcáreas de la hoz nos acompañan durante todo el tramo inicial de esta excurisón.

LA orientación del cañón que forma el río Riaza y su compleja fisonomía han dado lugar a una gran variedad de ambientes que proporcionan una flora muy rica y variada. El cañón es conocido entre los especialistas por el importante papel que juega en la migraciones botánicas como canal conductor de especies de distinta procedencia hacia la meseta. Las formaciones más importantes son los sabinares, los encinares, quejigares y, sobre todo, el bosque de galería que acompaña al río. A partir de octubre y hasta finales de noviembre, los álamos, fresnos y sauces pintan de amarillo el fondo del cañón en tenaz contraste con el rojo que domina en los acantilados.

El pequeño pueblo de Montejo de la Vega de la Serrezuela es el punto de partida idóneo para conocer la hoz del río Riaza. En el mismo pueblo se ha instalado la Casa del Parque que hay que visitar sí o sí porque de enero a julio es necesario obtener un permiso para entrar en el desfiladero. El recorrido está claramente señalizado por las marcas del sendero PR SG-6 que acompaña al río desde Montejo hasta las instalaciones de la presa de Linares, nuestro destino final.

ITINERARIO

Salimos de Montejo entre grandes parcelas de cultivo. A lo lejos se divisa un imponente cortado que parece darnos la bienvenida. Antes de llegar a él pasamos por un aparcamiento con capacidad para unos veinte plazas. A partir de aquí está prohibida la circulación a vehículos no autorizados.

La ruta propuesta es un recorrido de ida y vuelta con destino en el embalse de Linares, un buen lugar para descansar y tomar un picnic. Abajo, colonia de buitres leonados, habitantes del cañón.

ADOBESTOCK/ AL CARRERA

Gran colonia de buitres leonados

En las hoces del río Riaza se encuentra una de las principales colonias de buitre leonado no solo de toda la Península Ibérica, también de Europa. Más de 600 parejas de buitres han encontrado su hogar entre las paredes rocosas, que les ofrecen repisas y oquedades de variados tamaños en los que construir sus nidos. Gran parte de esta riqueza se debe a la creación del Refugio de Aves Rapaces de Las Hoces del Riaza, en la vecina localidad de Montejo de la Vega, promovida por el naturalista Félix Rodríguez de la Fuente en el año 1951, con la colaboración de WWF Adena. Fue un acuerdo pionero en su momento que consiguió la recuperación de las rapaces que en aquel momento se encontraban en disminución. Hoy es fácil deleitarse con el vuelo del buitre, una de las aves más voluminosas de Europa, que puede llegar a tener 2,5 metros de envergadura y un peso de hasta 9 kilos. Lo reconoceremos fácilmente por su cabeza blanca y su desplumado cuello, cubierto solo por un fino plumón que se adapta perfectamente a la exploración del interior de los cadáveres de los que se alimenta.

ADOBESTOCK/ ABUELO RAMIRO

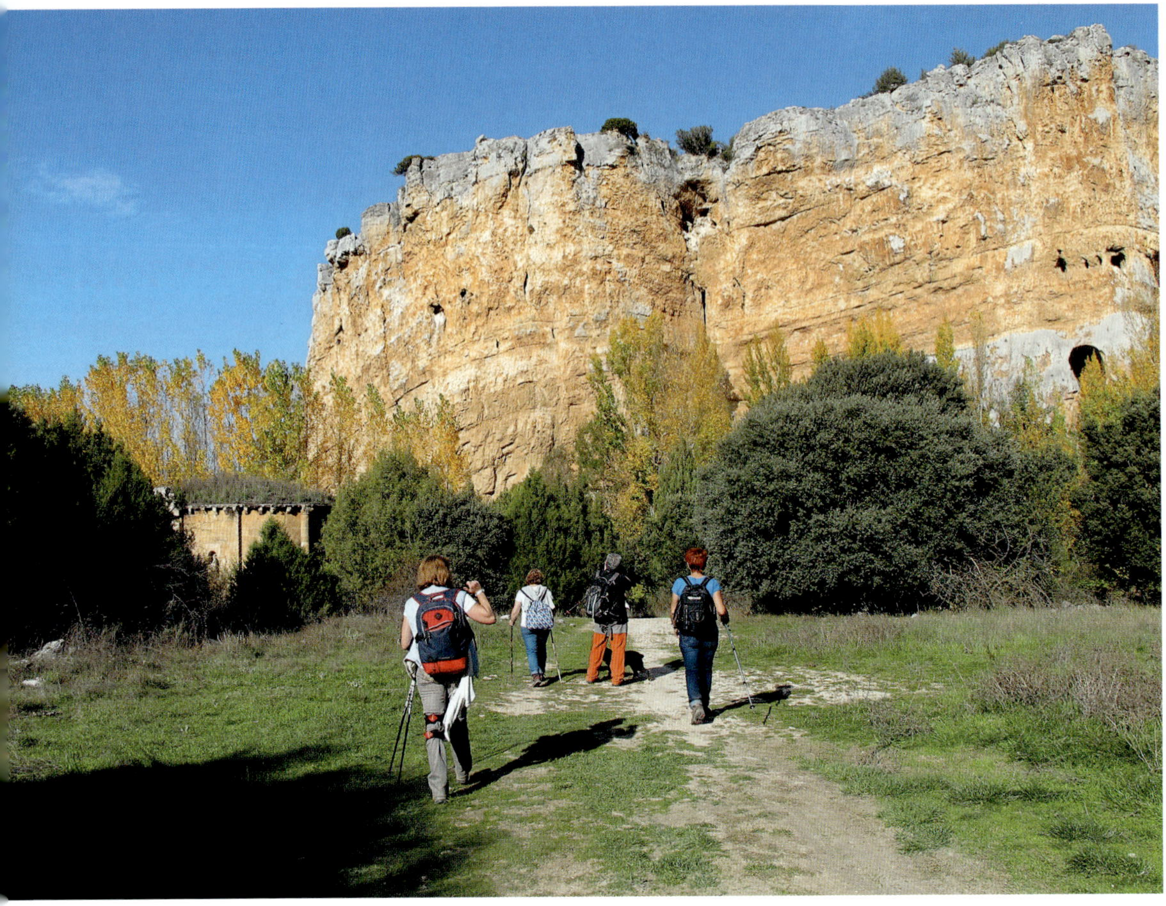

ADOBESTOCK / ROCIO9

Caminantes dirigiéndose hacia la iglesia San Martín del Casuar, cuya parte frontal se aprecia en la foto de abajo. A la derecha, uno de los puentes que cruzan el río Riaza y disfrutando de las rutas del entorno en bicicleta de montaña.

Arquitectura románica en la iglesia de Casuar

ADOBESTOCK / MARIANO

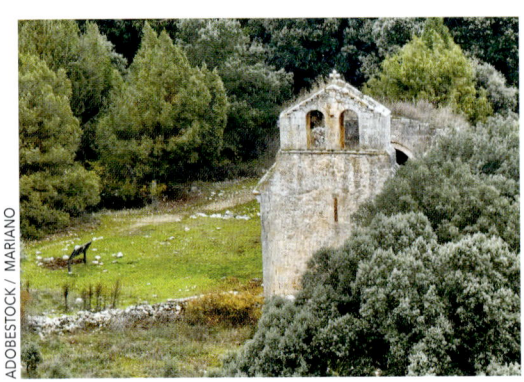

Rodeado de árboles, en un lugar que todavía conserva un aire de misticismo y serenidad, se encuentran los restos del antiguo convento e iglesia de San Martín del Casuar. Es un ejemplo de sencilla arquitectura románica, que data del siglo XII, de nave recta y cabecera semicircular. Acusa el paso de los siglos y especialmente las consecuencias de la Guerra de la Independencia Española, pues la población de Cavasuar a la que pertenecía quedó arrasada por las tropas francesas, que pensaban que allí se refugiaba el guerrillero conocido como El Empecinado. Tras la desamortización de Mendizábal (1836), la iglesia quedó definitivamente abandonada. Hoy en día solo permanecen en pie los muros perimetrales y el arránqueda de su bóveda de medio cañón. Aunque el edificio fue declarado Bien de Interés Cultural en 1997, hoy se encuentra en la Lista roja de patrimonio en peligro de España.

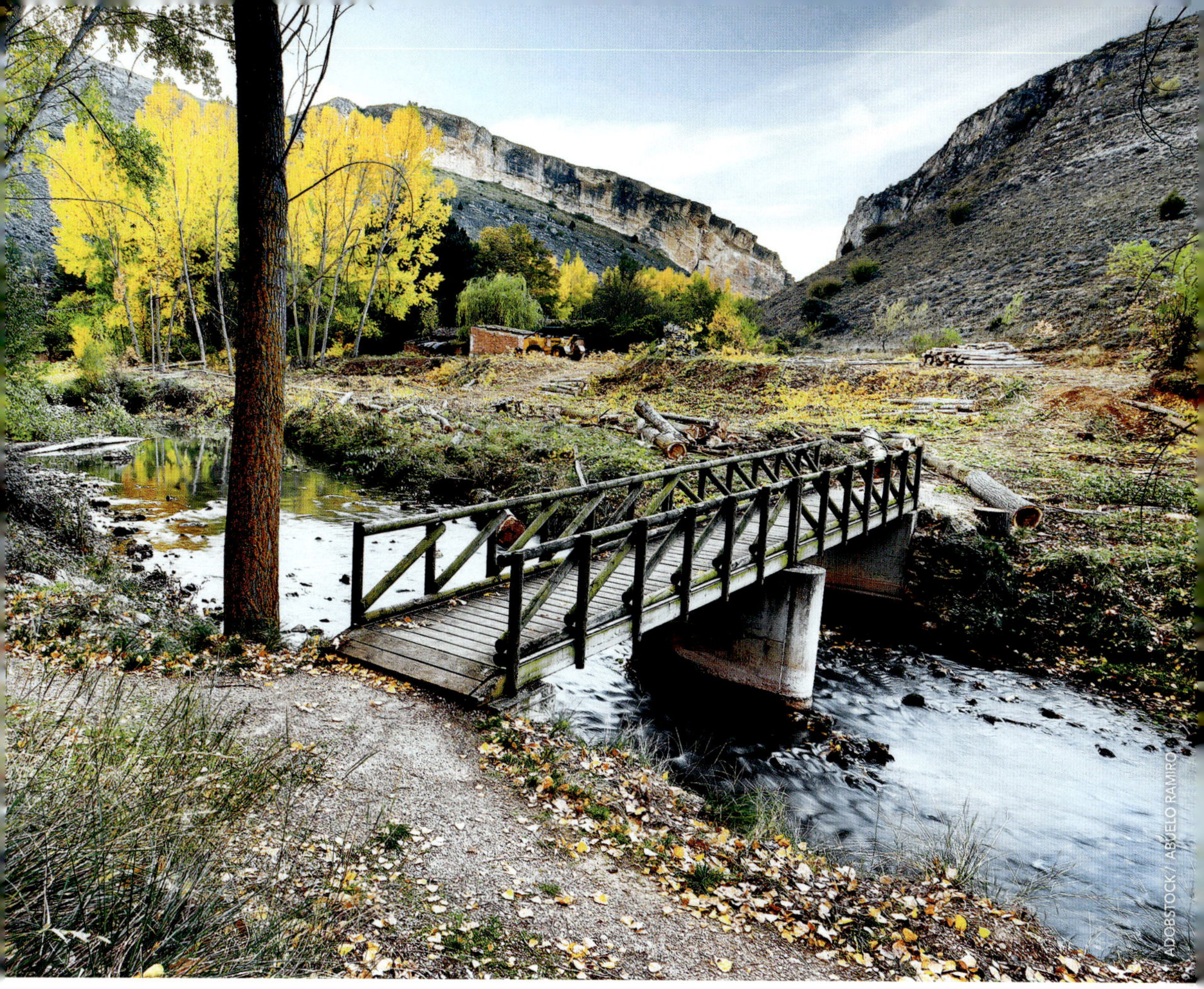

ADOBESTOCK / ABUELO RAMIRO

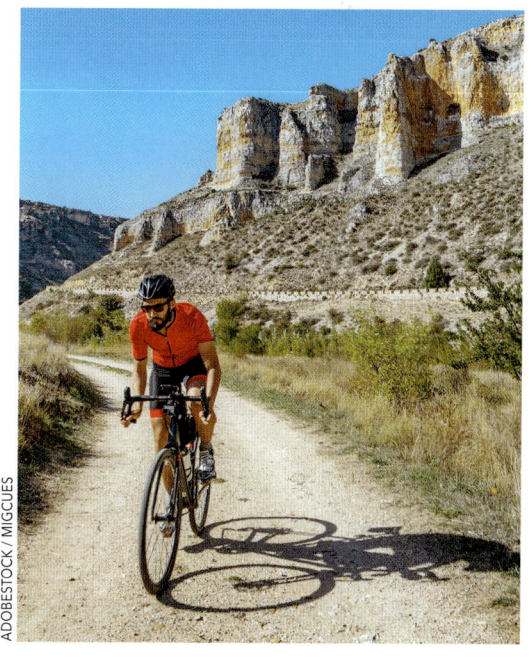

Continuamos y llegamos a la base del cortado de Peña Rubia donde se aprecian numerosas buitreras delatas por los regueros blancuzcos de las deposiciones de estas aves. El sonido del agua y la hilera de chopos advierten de la presencia del río aún invisible. En breve llegamos a un puente que dejaremos a mano izquierda para proseguir recto. De pronto, la pista desaparece y nace un estrecho sendero a mano derecha que inicia una pronunciada ascensión por la ladera. Es la llamada Cuesta del Convento. Pronto averiguaremos por qué. Según subimos vamos ganando perspectiva sobre el cañón y al llegar arriba este se abre en toda su majestuosidad ante nuestros ojos.

ADOBESTOCK / MIGCUES

Justo antes de empezar el descenso, un panel interpretativo explica cómo se han formado los

Panorámica de la hoz con la senda a la izquierda y el gran viaducto al fondo (de una antigua vía de tren, hoy en desuso). Abajo, ejemplar de buitre leonado, muy común en esta zona; y a la derecha, la presa del embalse de Linares.

ADOBESTOCK / ERICK M

rojos cortados que vemos. Las hoces del río Riaza comenzaron a formarse hace unos 65 millones de años, durante el periodo Terciario, cuando los movimientos tectónicos levantaron grandes bloques de caliza en la zona. A partir de entonces, el río, con el paso del tiempo, fue erosionando esas rocas, desgastándolas y disolviéndolas de manera constante. Este proceso, lento pero imparable, duró millones de años, y así se formaron los profundos cañones y desfiladeros que estamos recorriendo en esta excursión. En algunas áreas del valle, el río también depositó materiales que arrastraba, como arena, arcilla y grava, formando las llamadas llanuras aluviales. Estas son terrenos planos y fértiles situados junto al río, creados por los sedimentos acumulados durante las crecidas del agua, que hoy ofrecen bonitas áreas de descanso reverdecidas en el camino.

Parada
en el embalse
de Linares

El punto de llegada y retorno de esta ruta está en la presa del embalse de Linares, un lugar que invita al descanso. El pantano, construido en 1951, durante la dictadura franquista, cubrió el pueblo de Linares del Arroyo, desplazando a sus habitantes al cercano término municipal de La Vid, perteneciente a la provincia de Burgos. Los restos del antiguo pueblo, especialmente del campanario de la iglesia de San Juan Bautista, son visibles cuando el nivel del agua embalsada es bajo. La misión fundamental de este embalse es regular las aguas del río Riaza, que nace en el puerto de La Quesera y desemboca, 100 kilómetros después, en el Duero en las inmediaciones de la localidad burgalesa de Roa. Con una capacidad de 58 millones de metros cúbicos, es el mayor de todos los que regulan los ríos Riaza y Duratón y el mayor de cuantos se han construido en la provincia de Segovia.

En el fondo de la hoz se adivinan las ruinas de la iglesia del convento de San Martín del Casuar, una sencilla construcción románica del siglo XII que se encuentra en la Lista roja del patrimonio en peligro de España. Después de admirar su hermoso ábside curvo decorado con bellos canecillos continuamos la marcha por un cómodo sendero entre quejigos cubiertos de líquenes. De pronto aparece ante nuestros ojos un impresionante viaducto que cruza de parte a parte el cañón. El extraordinario puente

forma parte de la antigua línea férrea entre Madrid y Burgos y está actualmente abandonado, aunque algunas veces se puede ver algún vehículo transitando por sus raíles.

Apenas dos kilómetros de relajado caminar restan para llegar hasta las instalaciones de la presa de Linares. El lugar, lejos de ser un rincón desagradable –como suelen ser estos sitios– es un remanso de paz con un precioso bosque de ribera y una zona de descanso donde da gusto sentarse a dar buena cuenta del almuerzo o de la merienda y recuperar fuerzas para regresar a Montejo, desandando el camino.

Si disponemos de tiempo, merece la pena acercarnos (ya en coche) a visitar el pueblo de Maderuelo, situado justo al otro lado del embalse de Linares, sobre una colina. Es una villa medieval, incluida en la red de "Pueblos más bonitos de España", en la que se respira historia caminando por sus calles empedradas o entrando por la Puerta de la Villa, que forma parte de la una antigua muralla medieval. Redondearemos así una jornada completa y variada.

A la izquierda, espectáculo otoñal con los álamos amarillos contrastando con el verde de los pinos. Y cartel explicativo de las hoces y el entorno de la iglesia del Casuar, que encontramos en el mismo cañón.

JAVIER CARBALLO

FICHA TÉCNICA

COMIENZO: Montejo de la Vega de la Serrezuela
TIPO: lineal ida y vuelta.
DISTANCIA: 21,83 km.
DESNIVEL: +263 m.
MAPAS: hoja 375-4 del IGN. 1:25 000.
IMPORTANTE: para transitar por la senda entre el 1 de enero y el 31 de julio se precisa una autorización que se solicita en la Casa del Parque, situada en Montejo de la Vega. Tel: 921 53 24 59.
Correo: cp.riaza@patrimonionatural.org
TRACK: https://desni.in/hozriaza

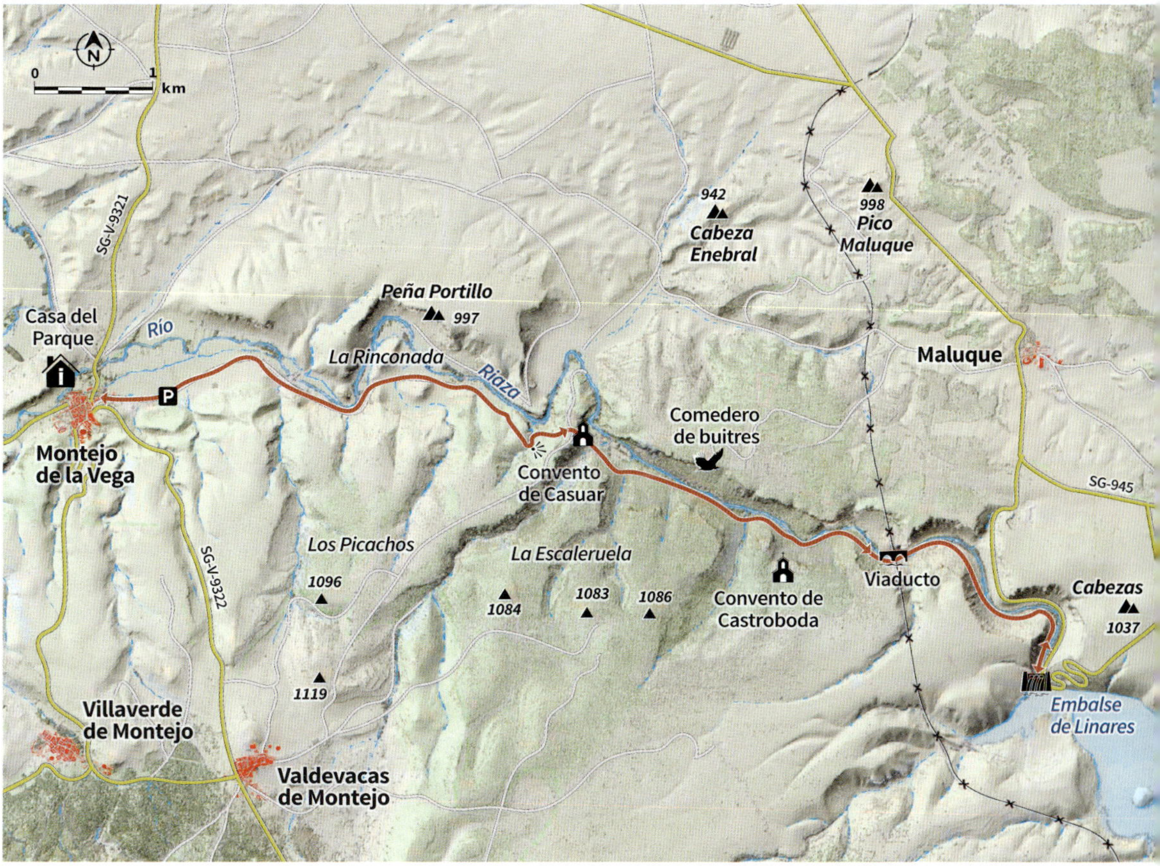

La Sierra del Rincón ofrece paisajes de gran belleza y
una rica biodiversidad que le llevó a ser declarada
Reserva de la Biosfera por la UNESCO, en junio de 2005.

SUBIDA AL CERRO LARDA

Ubicada entre las sierras de Ayllón y Guadarrama, en el extremo nororiental de la Comunidad de Madrid, la Sierra del Rincón es un territorio agreste que ofrece excursines en un entorno salvaje y habitualmente tranquilo. Aquí proponemos una bonita ascensión, incluida en las Sendas Verdes señalizadas por la Mancomunidad Sierra del Rincón para fomentar el turismo sostenible en la comarca.

TEXTO: REDACCIÓN GE. FOTOS: JAVIER CARBALLO.

El recorrido está lleno de contrastes: bosques de robles y pinos en la parte inicial (abajo) y un paisaje de montaña con arbusto bajo en la zona alta (derecha). Abajo, el rodezno interior del Molino de Abajo, que data del siglo XVIII, totalmente rehabilitado y abierto a las visitas (ubicado en las afueras de Puebla de la Sierra).

FOTOS: JAVIER CARBALLO

La Sierra del Rincón es un territorio ubicado en la parte nororiental de la Comunidad de Madrid con una orografía tan salvaje que durante mucho tiempo mantuvo aislada a la comarca. Esto, que en el pasado fue un lastre, argumentó su declaración como Reserva de la Biosfera en 2005. De los seis municipios que la integran (La Hiruela, Horcajuelo de la Sierra, Montejo de la Sierra, Prádena del Rincón, Puebla de la Sierra y Madarcos, este último incluido en 2022), el más conocido es Montejo de la Sierra por su famoso hayedo, pero el resto de los municipios poseen múlti-

ples atractivos que los hacen merecedores de una visita, como es el caso dePuebla de la Sierra. Es uno de los núcleos habitados más aislados de la región madrileña que, además de tranquilidad, bellos paisajes y sosiego, ofrece una excelente conservación de su arquitectura popular, todo ello unido a su oferta de alojamientos y restaurantes. Se encuentra en el fondo de un valle rodeado de montañas de cierta altura que cubren hasta media altura bosques de roble melojo y pino silvestre. Aquí os proponemos subir a una de estas cumbres: el Cerro Larda, de 1495 m de altitud.

ITINERARIO

Nos situamos en la Plaza de la Iglesia, y por la calle de la Iglesia bajamos hacia la chopera que advierte de las inmediaciones del río. Antes de llegar a este alcanzamos a ver un par de curiosas esculturas que forman parte del itinerario *El Valle de los Sueños*. Un poste de las Sendas Verdes de la Comunidad de Madrid indica el rumbo a seguir. Después de cruzar una verja ganadera desembocamos en un ancho camino que discurre paralelo al río; es el camino viejo de Robledillo, que comunicaba la Puebla de la Sierra con el exterior cuando aún no había ca-

El área recreativa La Tejera, Parque Avellanos, un lugar ideal para un descanso, que se encuentra en las afueras de Puebla de la Llana (cerca del final de esta excursión). Derecha, magnífico ejemplar de roble centenario.

rreteras. Veremos también algunas señales del GR 88 que muy pronto se separa. Lo reencontraremos a la vuelta.

Entramos en un pequeño bosque con grandes robles melojo que, a tenor de su tamaño, deben haber visto pasar varios siglos por delante. Su forma no es una consecuencia natural sino producto de la poda controlada para obtener leña con la que fabricar carbón vegetal.

Cruzamos el arroyo de los Hermosillos y vamos ganando altura alejándonos del río y de los grandes robles. Aparecen unas construcciones de piedra y pizarra para el resguardo del ganado que aquí se llaman tinados. Los robles se van haciendo más escasos según escalamos la ladera del monte y el suelo es ocupado por arbustos. Sin el obstáculo de los robles, el valle aparece en toda sus dimensión. Sobre Puebla se alzan los picos de la Tornera y la Centenera, destinos familiares para muchos excursionistas. Algo más arriba, cerca del collado Larda, vemos los Montes Carpetanos, la Sierra de la Cabrera y otros cordales más lejanos de la Sierra de Guadarrama.

Dejamos al noreste la clara senda que se dirige hacia el Cerro de las Cabezas y nos encaminamos hacia el sureste para continuar por la loma con los ojos puestos en la cima del Cerro Larda. Pero antes de llegar a ella hay que atravesar unos afilados estratos de cuarcita —muy comunes en esta sierra— que afloran también en la cima. Las vistas en derredor son soberbias, muy diferentes a las que ofrece la Sierra de Guadarrama. Mires hacia donde mires, el horizonte está muy lejos.

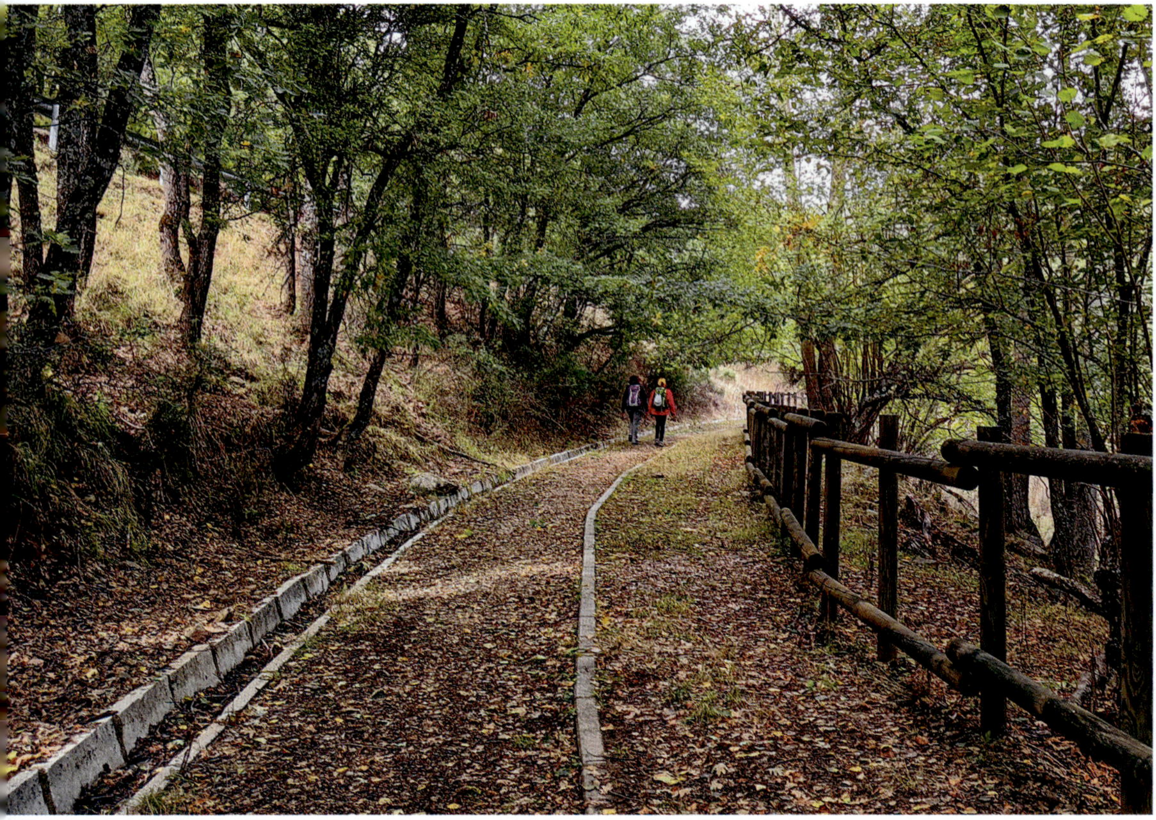

FOTOS: JAVIER CARBALLO

El Valle de los Sueños

Es probablemente el rasgo más conocido de Puebla de Sierra: una suerte de "museo al aire libre" que por sí solo merece una visita. La propuesta consiste en un itinerario escultórico ubicado en plena naturaleza, por las callejuelas de Puebla de la Sierra y sus alrededores. Su impulsor fue el pintor y escultor Federico Eguía, quien lo inició en 1998, y en la actualidad cuenta con más de 100 obras de una treintena de artistas, entre los que se encuentran Federico Eguía, Lucía Loren, Karfer, Antonio Garza o Joaquín Manzano. El recorrido tiene unos 1,5 kilómetros, y se puede realizar de forma autónoma o guiada. En el ayuntamiento y en formato digital podemos obtener gratuitamente un folleto descriptivo con el itinerario. Más información en: *www.sierradelrincon.org/el-valle-de-los-suenos*.

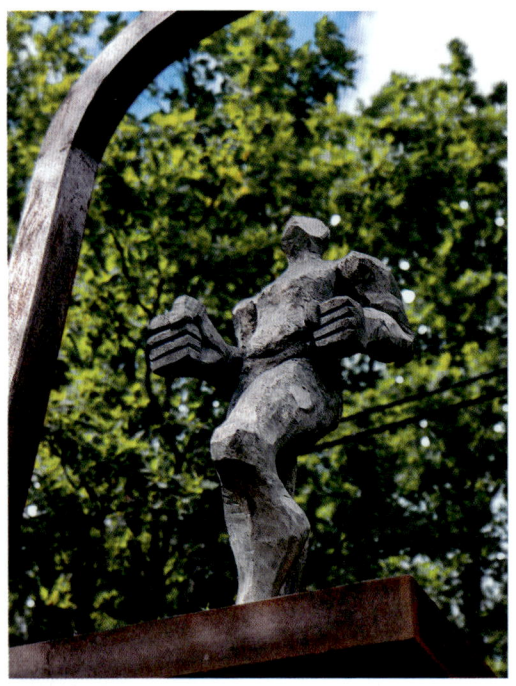

A la izquierda, último tramo del camino, que transcurre por un cómodo sendero. Abajo, una de las esculturas que forman parte del itinerario del Valle de los Sueños; y uno de los postes que señalizan esta ruta como una Senda Verde de la Comunidad de Madrid.

Comenzamos el descenso con los ojos puestos en Las Gargantillas, una elevación al sur de donde estamos. Algunos postes y hitos nos ayudan —prestando mucha atención— a no errar el rumbo. Traspasamos un recinto para cabras y alcanzamos un claro sendero cercano a la carretera M-130 que comunica Puebla con Robledillo de la Jara. En suave descenso la senda se aproxima poco a poco a la carretera hasta alcanzarla. Por el margen que más cómodo nos resulte caminaremos por ella unos 250 metros. Unos corrales son la referencia para seguir un camino que penetra en la dehesa boyal sin separarse mucho de la carretera. En unos pocos minutos alcanzaremos el restaurado Molino de Abajo, que data del siglo XVIII, y la zona recreativa, un buen lugar para hacer una parada antes de adentrarnos en las calles de la Puebla.

FICHA TÉCNICA

COMIENZO: Puebla de la Sierra (1159m). Ctra. M-130.
TIPO: circular.
DISTANCIA: 9,3 km.
DESNIVEL: +580 m.
MAPAS: hojas 459-3 y 485-1 del IGN 1:25 000.
TRACK: https://desni.in/robleslarda
SEÑALIZACIÓN: la ruta está señalizada con los postes de «Sendas Verdes de Madrid».

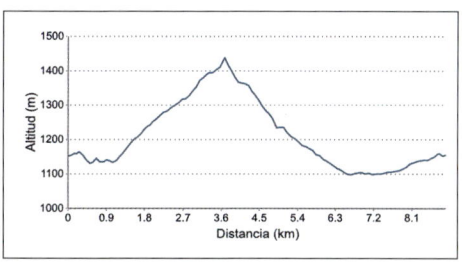

POR LOS DESFILADEROS DEL JARAMA Y EL JARAMILLA

Esta propuesta nos adentra en los bellos paisajes de la Sierra de Ayllón, Guadalajara, con sus característicos pueblos de pizarra negra y bosques que arden de colores en otoño. El camino sigue el curso del río Jarama y su afluente Jaramilla, con cruces, subidas, bajadas y miradores, captando la esencia de esta tranquila y laberíntica sierra.

Texto y fotos: Javier Carballo

Disfrutando de las vistas en el mirador natural de los Balagares por el que pasa la ruta, desde el que se puede ver Colmenar de la sierra, la Pedriza de Matacuras, el cerro de Corralejo y, presidiendo la zona, el pico Ocejón.

La iglesia Parroquial de Santa María (originaria del s. XVI, actualmente restaurada), a la salida de Colmenar de la Sierra; abajo, una fuente en la plaza de este pueblo, de donde parte la ruta, y en uno de los repechos iniciales.

NOS encontramos en pleno Parque Natural de la Sierra Norte de Guadalajara, en el extremo noroccidental de la provincia de Guadalajara, conocida por su belleza de paisajes, bosques y relieve montañoso. La zona a la que nos dirigimos en esta ocasión no tiene la fama que poseen otros destinos del entorno, como el muy conocido y frecuentado Hayedo de Tejera Negra o la Cascada del Alibe, por lo que podremos gozar una ruta tranquila en la que probablemente apenas nos cruzaremos con otros caminantes.

Comenzamos nuestra andadura en el pueblo de Colmenar de la Sierra, pequeña pedanía del Cardoso de la Sierra, población a la que no se llega para ir a otro sitio y, como en los vecinos

pueblos de esta remota sierra, hay que ir adrede, ya que la carretera tiene su fin aquí. Las casas de esta localidad constituyen un ejemplo interesante de la arquitectura de pizarra presente en esta zona, con unos entramados muy bien representados.

Emprendemos la ruta desde la misma plaza del pueblo donde hay un bar que, con suerte, os encontraréis abierto. También veremos una fuente y una fragua. Seguidamente, nos topamos con la Iglesia Parroquial de Santa María, un edificio que data del siglo XVI, de sillarejo revocado y una torre cuadrada, con atrio a mediodía. Nada queda en ella de los altares y obras de arte diversas que tuvo, como un bello altar renacentista del que se tiene constancia. Sin embargo, hace décadas que esta iglesia se convirtió en ruinas, siendo restaurada después y devuelta al culto por mano de los oriundos de la vieja villa.

Siguiendo el cauce del Jarama

Una vez salimos del pueblo y atravesamos un verde prado, tendremos ante nosotros una amplia vista de las cumbres circundantes Cabeza del Viejo y Carro de San Cristóbal. Vamos en busca del cauce del río más importante de la comarca, el río Jarama, que por estas tierras avanza sinuoso entre fantásticos cañones y desfiladeros labrados con el paso de los años.

Vadeamos un primer arroyo (seco en verano) y, a unos 500 metros, nos encontramos con el puente nuevo de Matallana, rehabilitado hace

Después de cruzar el puente, comienza una lenta pero inexorable ascensión por una estrecha vereda a través del barranco del Jarama. Seguimos por la senda, ganando altura poco a poco, atravesamos el arroyo de la Brezosilla (sin agua en verano) hasta que llegamos al mirador natural de los Balagares, desde el que podemos contemplar el sinuoso transitar del Jarama por estas angostas tierras. Es toda una suerte el poder contemplar desde este magnífico mirador el pueblo de Colmenar de la Sierra, la Pedriza de Matacuras, el cerro de Corralejo y, presidiendo la zona, el Ocejón.

Después de observar el paisaje, y a los buitres sobrevolando desde esta atalaya natural, continuamos caminando por la senda que, poco a poco, va ganando cota. Alcanzamos por fin la parte más elevada del Cuchillar del Asomante, no sin antes pasar por varias pedreras.

unos años. Ahora es un bonito puente de madera desde el cual se puede ver, en el lecho del río, las ruinas del anterior puente. Gracias a esta reconstrucción, se ha revitalizado la ruta entre los pueblos de Colmenar de la Sierra y el conocido pueblo semiabandonado de Matallana; un camino nombrado como PR-GU 02.

Matallana, aferrada a la vida

Los robles y encinas que nos han acompañado en el camino dan paso a un frondoso pinar en el que todavía encontramos algún roble que se

Atravesando el puente rehabilitado de madera que conecta Colmenar de la Sierra con Matallana; a la izquierda, cartel de entrada en este pueblo, buen exponente de la arquitectura negra, y debajo, entre los robledales que nos acompañan gran parte del camino.

resiste a abandonar este lugar. Ante nosotros tenemos unas preciosas vistas del cañón del Jaramilla, que más adelante conoceremos.

Desde aquí se pueden divisar en frente las praderas donde se sitúa el pueblo de Matallana, pero para llegar hasta él, tendremos que vadear el arroyo de La Llanada (seco en época estival).

Esta aldea sufrió, en paralelo a La Vereda, la construcción del embalse de El Vado y la expropiación por el ICONA en 1972, lo que provocó el abandono forzado y prematuro del lugar. Hasta 30 edificios entre parideras, cercados de invierno, chozos, cortes y establos, forman este diminuto asentamiento, dividido en dos conjuntos de edificaciones y cuyo epicentro es el edificio destinado a la iglesia, del que hoy en día solo se erige la espadaña y los muros de la nave del templo. Sin embargo, todas las edificaciones situadas al oeste de la iglesia quedaron destruidas, casi en su totalidad, por un incendio que hace varias dé-

cadas devastó esa parte del asentamiento, estando hoy en día el conjunto completamente cubierto por el sotobosque e invisible al visitante.

Matallana es hoy un conjunto disperso de casas de pizarras que se conserva tal y como se construyó muchos siglos atrás; sus calles siguen sin asfalto y no existe ningún tipo de suministro de luz, agua o teléfono. Aunque durante muchas décadas fue una aldea abandonada, en la actualidad cuenta con algunos moradores que, a fuerza de tesón y trabajo, han ido reparando algunas viviendas.

Es curioso comprobar cómo el ser humano ha construido tradicionalmente con lo que tenía más cerca, mimetizándose sus hogares con el entorno. Como en todos los pueblos de esta sierra, la arquitectura se caracteriza por el uso absoluto de la pizarra tanto en muros como en cubiertas sujetas, en ambos casos, por una amalgama de adobe sobre apoyos de madera de roble.

Cruce de ríos

Abandonamos el pueblo por donde hemos venido hasta que cruzamos de nuevo el arroyo de La Llanada, pero por una cota más baja, iniciando un brusco descenso hasta llegar al río Jarama.

En este punto viene la única dificultad de la ruta, pues tendremos que vadear el río Jarama y, según la época del año, el caudal puede ser bastante considerable y sus aguas pueden estar gélidas, así que tenedlo en cuenta si queréis completar la ruta por este paso.

En caso de no poder cruzarlo a pie, hay una alternativa que implica ir a Roblelacasa por el puente de los Trillos, si bien esta opción va a suponer sumar unos cuantos kilómetros adicionales a la ruta.

Como nosotros realizamos la ruta en verano, sabemos que no habrá problema al cruzarlo, e incluso hemos traído una toalla para luego secarnos cómodamente los pies y seguir caminando.

Durante la ruta se alternan los paisajes de monte bajo, con jaras y otros matorrales en la zona alta, con bosques de encinas, robles y pinos, más umbríos. A la salida del pueblo de Matallana tendremos que descalzarnos para cruzar el río Jarama (izquierda).

Preciosas vistas del desfiladero, con el pueblo de Colmenar de la Sierra iluminado. Abajo, una de las casas rehabilitadas de Matallana; y a la izquierda, el puente de madera que atraviesa el barranco del río Jaramilla, y marca del PR.

La sierra olvidada

Con una extensión de 186 km², la sierra de El Cardoso está enclavada en plena Sierra de Ayllón, constituyendo la zona más alta de la comunidad de Castilla la Mancha. Es un

territorio olvidado, casi escondido entre un laberinto de valles, desfiladeros, montes, ríos y praderas. En la comarca hallamos seis pueblos: Bocígano, Cabida, Colmenar, Corralejo, Peñalba y El Cardoso, sumando entre todos ellos no más de 60 habitantes fijos. En esta sierra nacen el río Jarama -uno de los afluentes más importantes del Tajo-, así como sus afluentes Jaramilla y Berbellido. La sierra nos brinda un paisaje en el que los bosques de robles se mezclan con los pinos, nogales, hayas, abedules, servales, álamos, chopos, acebos... Ubicado a solo 100 km de Madrid, es difícil encontrar un lugar de tanta belleza natural, donde el visitante pueda encontrar más tranquilidad y sosiego.

Más información sobre las rutas y actividades de esta sierra en: https://serraniadelcardoso.es

Después de cruzar eil río, emprendemos una dura subida por el camino de Cabeza Lijón del que, tras recorrer 1 km aproximadamente, lo dejaremos por el que tiene dirección Noroeste y transcurre por la ladera de dicha cumbre.

Por el Barranco del Diablo

Hemos de atravesar después la carretera GU-194, que une las localidades de Corralejo con Campillo de Ranas y Roblelacasa, hasta llegar a un poste indicativo con la leyenda PR-GU 04, el cual seguiremos. La senda inicia un brusco descenso en un continuo zigzag que nos llevará al encuentro con el río Jaramilla, tributario del Jarama en su próximo encuentro, el cual atravesaremos por un puente de madera. Este espectacular barranco sobre el río Jaramilla, denominado Barranco del Diablo o Muralla China, es

Abajo, en el cruce entre Roblelacasa y Cardoso de la Sierra. A la derecha, en la subida que lleva a la pequeña localidad de Corralejo, en la que se encuentra la ermita de San Agustín (abajo) que, como el resto de esta aldea, está hecha de pizarra y otras piedras del lugar.

un espectáculo para los sentidos. El paisaje es inenarrable, los precipicios y profundos desfiladeros sobrecogen al caminante.

Tras disfrutar de este regalo de la naturaleza, toca subir de nuevo, y lo hacemos siguiendo el sendero que, tras unos requiebros, va directo hasta la población de Corralejo.

Llegamos a esta pequeña localidad de no más de 15 habitantes fijos y cuya característica más notable es su arquitectura negra, con muros de pizarra veteada, alternada con gorrones blancos, mientras que los tejados son de losas de pizarra negra, con prominentes chimeneas. La Ermita de San Agustín es el único edificio religioso de la aldea: una construcción de peque-

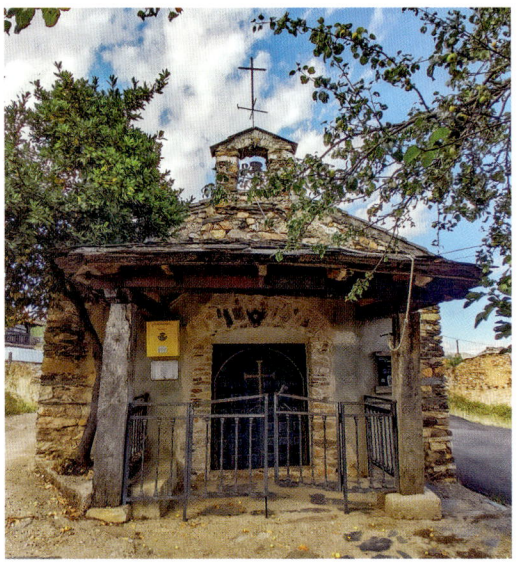

ñas dimensiones y de una sola planta, hecha de piedra del lugar. Destacar la presencia de un par de fuentes muy cerca de la ermita, lo cual puede venirnos bien para recargar nuestras maltrechas cantimploras.

Salimos de la pequeña población y seguimos las marcas del sendero que nos conducirá por la ladera del Cerro Corralejo. A la altura de la Pedriza de Matacuras, tendremos unas bonitas vistas del desfiladero del Jarama. Más adelante, tras un giro de 90 grados al llegar a un collado, podemos tomarnos una pausa para disfrutar de la vista panorámica que tenemos enfrente, con el pueblo de Colmenar de la Sierra rodeado de verdes prados.

Ya solo nos queda descender hasta el pueblo de inicio donde encontramos que el bar estaba cerrando, pero han sido tan amables de abrirlo para despacharnos unas bebidas, que desgustamos con el buen sabor de boca que nos ha dejado esta bonita excursión.

FICHA TÉCNICA

COMIENZO: Colmenar de la Sierra. **TIPO:** circular.
DISTANCIA: 19,24 Km
DESNIVEL: + 826 m
TIEMPO ESTIMADO: 9 h
DIFICULTAD: moderada
TRACK: https://desni.in/6xdnb

En el camino hacia el pueblo de la Vereda encontraremos bosques de pinos, robles y alcornoques, y también espectaculares encinas centenarias como estas.

SIERRA DE AYLLÓN

LA VEREDA, JOYA DE LA ARQUITECTURA NEGRA

Esta ruta circular nos lleva al Parque Natural de la Sierra Norte
de Guadalajara, iniciando en el embalse de El Vado con destino al poblado
de la Vereda que, gracias a una asociación dedicada a su restauración,
pervive suspendido en el tiempo.

Texto y fotos: Javier Carballo

EL pueblo de La Vereda se encuentra en una remota zona de Guadalajara, en unas tierras escarpadas de difícil acceso, sin servicios básicos como el agua corriente, la electricidad, etc. Estamos ante una joya de la despoblación, un pueblo con una belleza extraordinaria que unos entusiastas han decidido reacondicionar para que no muera su belleza. Es un destino rodeado por serenos paisajes y silencio. Para llegar hasta él, daremos un paseo por la historia de una comarca marcada por la construcción de un embalse que propició el abandono tanto de este pueblo, La Vereda, como su vecino El Vado.

En torno al embalse de El Vado

La ruta propuesta comienza en la presa de El Vado, a la que podemos llegar fácilmente tanto desde Madrid como desde Guadalajara. Está rodeada de los municipios de Tamajón, Retiendas, Campillo de Ranas y Valdesotos. Pasando con cuidado por la pequeña carretera que atraviesa las dos presas (y un pequeño túnel) llegamos a un pequeño aparcamiento en el que unos ocho vehículos podrán aparcar sin problema.

La senda en todo momento se encuentra muy bien balizada y desde el comienzo veremos las marcas blancas y amarillas que corresponden al sendero de pequeño recorrido PR-GU 18. A los pocos metros nos desviamos a la derecha por la senda que acondicionaron los vecinos de La Vereda cuando las aguas del embalse inundaron el antiguo camino y el pueblo de El Vado, en 1954.

Transitaremos por un camino de herradura, con muretes de lajas de pizarra, que discurre a media ladera por el pinar de repoblación de pinos resineros. Estos árboles fueron plantados en los años 70 para frenar la erosión en las laderas y reducir el ritmo de colmatación del embalse.

El tramo inicial de la ruta transcurre por antiguos caminos de herradura restaurados, rodeados de pinares de repoblación, con vistas al embalse de El Vado y las montañas de la sierra de Ayllón, con el Ocejón al fondo.

Viviendas del pueblo de la Vereda restauradas (cada una tenía su horno para cocinar y calentarse). Antes de llegar a esta aldea, nos sorprenderá un grupo de majestuosas encinas centenarias, algunas con troncos inabarcables.

Durante estos primeros cuatro kilómetros, tendremos unas buenas vistas al embalse y al Pico Ocejón. En cualquier momento aparecerá delante de nosotros una roca, a modo de improvisado mirador, que nos servirá para fotografiar las impresionantes vistas que tenemos frente a nosotros.

Huellas de Félix Rodríguez de la Fuente

Ahora nos toca bajar al encuentro del arroyo Vallosera, pero antes nos detendremos un instante para observar cómo el arroyo, con el transcurrir de los años, ha creado una impresionante hoz y ha moldeado la cuarcita, las pizarra y los esquistos. Llegados al lecho del arroyo unas piedras nos ayudarán a cruzarlo sin ninguna dificultad, puede

ser que dependiendo del caudal del mismo queden cubiertas por las aguas, por lo que habrá que prestar atención, en función de la época del año.

Tenemos un repecho frente a nosotros, recuerda que hemos tenido que bajar para cruzar el arroyo. En la subida observaremos que hay un pequeño azud a nuestra derecha desde el cual se precipita una vistosa cascada. También en el margen derecho de la subida, veremos una cabaña que fue utilizada por Félix Rodríguez de la Fuente en sus documentales.

Entramos después en un robledal y el repecho empieza a perder intensidad. A nuestro alrededor hay abundante jara, por lo que sin duda en primavera, con el verde de los robles y la jara en flor, ofrecerá una estampa preciosa.

Un poco más adelante nos topamos con una antigua cabaña abandonada junto a un colmenar. Desde este lugar accedemos a una pista; si nos desviáramos a la derecha iríamos a las ruinas de la antigua iglesia de El Vado, que está a unos 3 km aproximadamente (ida). Llamada la iglesia de Nuestra Señora de la Blanca, su construcción data de los siglos XIV a XVI y se levantó con la mampostería de pizarra irregular propia de la arquitectura negra de estos pueblos, aunque intercalando en esquinas, cornisas, vanos y otros puntos, sillares de cantería de piedra caliza de Tamajón. Hoy estas ruinas constituyen el único resto visible del antiguo pueblo de El Vado, que se encuentra bajo las aguas del pantano al que da nombre.

En esta ocasión decidimos no ir a las ruinas, con lo cual seguimos de frente la pista. Siguiendo las indicaciones blancas y amarillas del PR, salimos a la derecha de la pista y nos encontramos con un espectacular grupo de encinas en un lecho de verde pasto que nos alegra el día aún más si cabe.

En particular, hay una gran encina que es verdaderamente sorprendente, sobre todo por su altura (calculamos que tendrá unos 12 metros) y tan ancha que intentamos rodearla entre cuatro personas y casi no podemos abarcarla. Todo un monumento de la naturaleza.

Abandonamos a nuestro pesar tan idílico lugar para continuar caminando por la pista hasta llegar al objetivo principal del día: el pueblo de La Vereda.

ADOBESTOCK/ BSANCHEZ

Pico Ocejón, vigía de la sierra

Tanto al inicio como al final del recorrido domina la inconfundible silueta del Ocejón que, con 2049 metros, es el pico principal de la parte más meridional de la sierra de Ayllón, consituyendo la máxima elevación de la sierra del Ocejón o del Robledal. Como la mayoría de la sierra, es una montaña constituida por piedra de pizarra y formada por plegamiento, que consta de un pico principal y varios subsidiarios, entre los que destaca el Ocejoncillo (1956 m) y la peña Mala (1768 m) junto a la cima. En sus faldas nacen arroyos que sirven de afluentes al Jarama (en su vertiente occidental) y al Henares (en la oriental), formando destacables barrancos que recortan la montaña. Su ascensión más habitual se realiza desde Majaelrayo, con una caminata de unas 5 horas que no presenta excesiva dificultad, excepto en invierno si está cubierta de nieve. También se puede ascender desde la localidad de Campillo de Ranas, en un recorrido más largo.

La Vereda, detenido en el tiempo

El pueblo se encuentra situado en un saliente, colgado sobre el arroyo Vallosera. En sus inicios perteneció al ayuntamiento de El Vado hasta que este pueblo quedó bajo las aguas del pantano, pasando a tener ayuntamiento propio hasta su despoblación en los años 70. Desde entonces pertenece al ayuntamiento de Campillo de Ranas.

Buen exponente de la arquitectura negra de Guadalajara, sus antiguas casas de pizarra han

La aldea de Matallana, que sigue viva gracias al esfuerzo de un puñado de personas soñadoras y trabajadoras; a la izquierda el cartel de entrada, en el que explica su historia y su catalogación como pueblo de la arquitectura negra de Guadalajara.

pasado de la decadencia al resurgimiento gracias a la asociación cultural la Vereda. En su trazado se pueden apreciar dos barrios diferenciados: las casas quedan en la parte de arriba, y las eras y corrales en las zonas más próximas al barranco.

Conserva el aspecto de cuando se construyó y carece de las comodidades que se suponen tienen las ciudades: no está asfaltado, no se permite el acceso de vehículos, carece de luz eléctrica (se utilizan quinqués, velas…). En las casas se calientan en el hogar, no hay saneamientos, se cocina en el fuego de leña, los hornos que quedan están en funcionamiento y se utilizan periódicamente para hacer pan, carnes, etc.

Si ya de por sí era difícil el acceso a La Vereda, las frecuentes nevadas en invierno lo dejaban completamente incomunicado. Era época de matanza, de gruesas mantas para dormir y de combatir el frío al calor del fuego en las cocinas. Propio de los lugares muy aislados era el hilan-

dero, reuniones en las que las mujeres y niños desgranaban judías, se tejía y se hilaba y los hombres arreglaban herramientas y hacían cestas, a la par que se contaban historias y recuerdos de tiempos pasados. Nos podemos hacer una idea de lo dura que era la vida es este paraje. Desde aquí agradecemos la magnífica labor de la asociación cultural La Vereda, rehabilitando el pueblo con los materiales originales. Más información en: *https://asociacionculturallavereda.org*.

Regreso a la presa

Abandonamos el pueblo siguiendo las marcas del PR y volvemos a la pista. Después de un atroche llegamos de nuevo al lecho del arroyo, donde encontramos una pequeña área recreativa. A su lado tenemos el Molino de la Vereda, que se construyo en 1954 para suplir el que había en Matallana y en El Vado. Iniciamos en este punto un ascenso por la pista, a los pocos

La ermita de la Inmaculada Concepción

Mención especial merece la ermita de la Vereda, ubicada en el núcleo principal de la población. Desde el siglo XVII, esta ermita está dedicada a Nuestra Señora de la Concepción, si bien anteriormente estaba dedicada a San Bartolomé, probablemente debido a sus repobladores sepulvedanos. Según los libros de cuentas, en 1611 todavía estaba dedicada a San Bartolomé, constando ya en 1752, en el Catastro de la Ensenada, la nueva dedicación. El 4 de diciembre de 1759 se obtiene licencia del Arzobispado de Toledo para "ensanchar, ampliar y embovedar la ermita" y "para bendecirla y realizar el Sacrificio de la Santa Misa". Durante los siglos XVIII y XIX se registran inventarios sobre sus bienes, siempre con la imagen de la Inmaculada en su altar mayor, entronizada en un retablo dorado. Posiblemente, esta primitiva imagen sería la que fue destruida en la Guerra Civil de 1936 por tropas republicanas, que la fusilaron en las eras situadas tras la Casa de los Balcones, siendo repuesta tras finalizar la contienda con una escultura en pasta de madera, y trasladada en su momento a la iglesia de Campillo de Ranas con la expropiación forzosa de La Vereda y Matallana. En 2007 la Iglesia fue de nuevo abierta al culto con una imagen de la Virgen Milagrosa donada por el Obispado de Sigüenza, a la espera de poder contar con una nueva imagen de Nuestra Señora de la Inmaculada Concepción de María, patrona de La Vereda.

La presa de El Vado, que contiene las aguas del río Jarama; en el embalse se puede practicar piragüismo, kayak, padlesurf y otras actividades.

metros nos encontramos con el mirador de La Vereda. Caminar por la pista no me gusta especialmente, prefiero los pequeños senderos, pero no queda otra si queremos hacer una ruta circular y no volver por el mismo lugar que la ida. Con todo, hay varios puntos de la pista en los que podremos disfrutar de unas bonitas vistas del entorno.

El embalse de El Vado y el pico Ocejón nos indican que estamos acercándonos al punto de partida. Se puede continuar por la pista hasta el aparcamiento, pero nosotros decidimos hacer un pequeño atroche para llegar al sendero PR que recorrimos a la ida y, de esta manera, acortar algo la ruta. En pocos minutos estamos en el aparcamiento donde damos por terminada tan estupenda jornada.

FICHA TÉCNICA

PUNTO DE PARTIDA: Presa de El Vado.
TIPO DE RUTA: circular. **DISTANCIA:** 15,62 Km.
DESNIVEL: +560 m.
ALTURA MÁXIMA: 1.150 m.
ALTURA MÍNIMA: 935 m.
TIEMPO APROXIMADO: 6 horas. **DIFICULTAD:** Fácil.
MAPA: https://desni.in/jevax